Más elogios para *Un pavo real en el Reino de los Pingüinos*

«Mi padre solía decir: 'No levantes la voz. Mejora tu argumento'. Estos es precisamente lo que hace esta parábola sobre un pavo real en el reino de los pingüinos: mejora el argumento para tener una mentalidad abierta, un corazón abierto y más oportunidades para todos. Es un libro para pavos reales, pingüinos y aves de todo tipo; para todo aquel que quiera ayudar al mundo con sus dones únicos».
Arzobispo Desmond Tutu, Premio Nobel de la paz

«Lo bonito de esta metáfora es que transmite algo significativo y además ofrece información. Gracias a este libro he aprendido unas lecciones muy valiosas que jamás olvidare sobre la diversidad, la cultura corporativa y la transformación organizacional».
Warren Bennis, autor de *On Becoming a Leader*

«Felicidades por darnos un nuevo lema: 'E Pluribus Maximus' (la diversidad engrandece). Es un mandamiento para todas las empresas modernas».
Barry Z. Posner, coautor de *The Leadership Challenge and Credibility*

«¿Alguno de nosotros no ha sentido nunca el dolor y la frustración de no ser apreciado por lo de verdad somos? *Un pavo real en el Reino de los Pingüinos* es un poderoso mensaje, por decirlo así, que habla al espíritu de cada uno de nosotros que anhela volar alto y libre».
Laurie Beth Jones, autor de *Jesus, CEO and The Path*

«He trabajado en empresas pingüino y he visto las terribles consecuencias de trabajar sin tener en cuenta las ideas nuevas. Se habrían ahorrado muchísimo dinero si hubieran prestado atención a este libro».
James B. Shaffer, ex presidente y CEO de Guy Gannett Communications

«*Un pavo real en el Reino de los Pingüinos* tiene el esperado toque de originalidad de BJ y Warren sobre un tema muy relevante».
Shelby Coffey III, ex editor de *Los Angeles Times*

«¡Nos encanta este libro! Conforme te vas metiendo en la historia vas entendiendo el mensaje; un mensaje que es universal. Su estilo divertido, alegre, rápido claro hace que personas que jamás se hubieran sentido identificadas reconozcan que es un problema que también les afecta».
Ann Rhoades, ex vicepresidenta ejecutiva de recursos humanos en Doubletree Hotel Corp.

«Un pequeño libro lleno de grandes ideas que nos han ayudado a cambiar las conversaciones sobre el trabajo en equipo en EDC. Las hemos puesto en práctica en todos los niveles y hemos hablado sobre el reino de las oportunidades. *¡Gracias BJ y Warren!*».
Marie-Lyne Le Maire, directora de formación y desarrollo de Export Development Corporation, Ottawa, Ontario, Canadá.

«Es un libro muy inspirador. *Da en el blanco* y nos dice mucho sobre nosotros mismos (cosas que muchas veces no queremos saber)».
Larry Strutton, ex editor de Rocky Mountain News, Denver, Colorado

«Me ha encantado *Un pavo real en el Reino de los Pingüinos* y se lo recomiendo ardientemente a todos los directivos de empresa».
Mike Lamothe, ex director de recursos humanos de Merck Frosst Canada, Quebec.

«Este libro ofrece grandes ideas sobre lo que se necesita para apreciar y gestionar la creatividad de una manera efectiva en el trabajo. Enseña a la gente a reconocer la dinámica de la innovación y nos invita a aprovechar las oportunidades que nuestros empleados nos brindan».
Harold W. Burlingame, ex vicepresidente ejecutivo de AT&T.

«*Un pavo real en el Reino de los Pingüinos* es una fábula maravillosa para todas las personas y empresas que buscan prosperar en un mundo rápidamente cambiante. Aunque puede llegar a hacer agitar algunas plumas, transmite un valioso mensaje con ingenio y humor».
Phyllis Pfeiffer, Editor de *La Jolla Light*

«*Un pavo real en el Reino de los Pingüinos* es una bonita metáfora que toca el centro de los problemas y las preocupaciones de hoy en día. Las preguntas del final, las listas de comprobación, los consejos y las sugerencias de la edición revisada son ayudas importantes para todo aquel que esté interesado en entender a la gente desde una nueva perspectiva. ¡Es una lectura obligatoria!».
Phillip R. Walker, profesor, Walker International, Inc., consultor de NASA Lewis Research Center.

«¡Me ha encantado! ¡Es una fábula magnífica para nuestros tiempos!».
Judy B. Rosener, profesor jubilado de administración de empresas, UC Irvine, y autora de *America's Competitive Secret: Women Managers*.

EDICIÓN 20 ANIVERSARIO

un pavo real
EN EL REINO DE LOS
PINGÜINOS

Una fábula acerca de la creatividad y la valentía

BJ Gallagher y Warren H. Schmidt

Ilustraciones de Sam Weiss

REVERTÉ MANAGEMENT

A Peacock in the Land of Penguins
Un pavo real en el Reino de los Pingüinos

Copyright © 2015 by BJ Gallagher and Waren H. Schmidt,
First published by Berrett-Koehler Publishers, Inc., San Francisco, CA, USA.

Todos los derechos reservados, incluido el derecho de reproducción total o parcial en cualquier forma.

© **Editorial Reverté, S. A., 2023**
Loreto 13-15, Local B.
08029 Barcelona – España
revertemanagement.com

Edición en papel
ISBN: 978-84-17963-86-6

Edición en ebook
ISBN: 978-84-291-9771-6 (ePub)
ISBN: 978-84-291-9772-3 (PDF)

Editores: Ariela Rodríguez / Ramón Reverté
Coordinación editorial y maquetación: Patricia Reverté
Traducción: Betty Trabal

Impreso en España – *Printed in Spain*
Depósito legal: B 16698-2023
Impresión y encuadernación: Liberdúplex
Barcelona – España

106

Dedicamos este libro

a todos los que anhelan ser libres

y mostrar sus verdaderos colores,

y a todos los que tienen la capacidad

de aprender de los que son diferentes.

Contenido

Prólogo

De vez en cuando aparece un libro que trata un tema importante de una manera simple y elegante. Este es el caso de *Un pavo real en el Reino de los Pingüinos*. Me encantó el libro cuando se publicó por primera vez en 1995 y todavía me gusta más esta nueva edición publicada para su vigésimo aniversario. No es de sorprender que haya sido durante dos décadas uno de los libros más vendidos del mundo.

Un pavo real en el Reino de los Pingüinos es un libro que explica el tema de la creatividad y la innovación en el trabajo y lo hace de una forma extremadamente motivadora. A través de una fábula nos ayuda a entender lo que puede suceder cuando intentamos expresarnos con sinceridad y valentía en un ambiente creado por ejecutivos y directivos que ven el mundo de un modo totalmente diferente.

Los cuentos son herramientas muy útiles para transmitir mensajes importantes en tanto que inspiran y enseñan al mismo tiempo. Nos cuesta recordar datos, personajes y teorías, pero nos acordamos de los cuentos. Los que me conocen saben que siempre utilizo cuentos en mis conversaciones, discursos y en la vida diaria. Me encanta escribir cuentos bonitos y leer cuentos bonitos.

Esta es la historia de Pedro, el pavo real, un pájaro listo, talentoso y colorido que se va a vivir al Reino de los Pingüinos. Enseguida empieza a tener problemas porque los pingüinos tienen una forma de vida muy organizacional, formal y burocrática y se rigen por una inmensa variedad de normas escritas y no escritas. A pesar de que los pingüinos reconocen el talento de Pedro, su estilo diferente y extraño hace que los pingüinos se sientan incómodos. Si bien había sido reclutado dentro de la organización por su estilo diferente y por su creatividad, son precisamente estos dos rasgos de Pedro lo que acaba resultando un problema para los pingüinos.

La experiencia de Pedro refleja la de tantas «aves con plumaje diferente» que hay en las empresas actuales. Si bien los directivos y ejecutivos de hoy en día afirman estar interesados en potenciar las ideas nuevas y el pensamiento innovador de sus empleados, lo cierto es que sus acciones indican todo lo contrario. Las ideas nuevas son disruptivas, desorganizadoras, desafían el modo habitual de trabajar, requieren hacer cambios y aumentan los riesgos y la incertidumbre, sacándonos de nuestra zona de confort. Por eso, a las personas que son diferentes, que tienen ideas nuevas sobre cómo hacer que la organización prospere, se les suele impedir que expresen su opinión, creando así un perjuicio tanto para la organización como para la propia persona.

Esta maravillosa fábula narra las aventuras de Pedro y otras aves exóticas que intentan vivir en el Reino de los Pingüinos. Su historia es divertida y enriquecedora. Es un relato sobre los riesgos y las oportunidades que enfrentan las personas que son únicas y creativas en un mundo que valora la comodidad, la seguridad y lo establecido.

Si te interesa conocer nuevas ideas para hacer que tú y tu organización prosperéis éste es el libro que tienes que leer. Crear un lugar de trabajo donde las nuevas ideas y la innovación puedan florecer, y donde sean aceptadas perspectivas diferentes es una de las prioridades tanto para los gerentes como para los empleados. ¡Todos podemos extraer valiosas lecciones de esta historia!

Ken Blanchard
Coautor de *The One Minute Manager*®

Primera parte

La fábula:
Un pavo real en el Reino de los Pingüinos

Hubo un tiempo,
no muy lejano,
en el que los pingüinos
gobernaban muchos territorios
en el Mar de las Organizaciones.

Estos pingüinos
no siempre eran los más sabios,
no siempre eran los más populares,
pero siempre seguían mandando.

La mayoría de las organizaciones
eran parecidas:

Los altos ejecutivos y directivos
vestían el típico traje de pingüino,
mientras que las aves trabajadoras,
de muchos tipos diferentes,
lucían atuendos variados y coloridos
que reflejaban sus trabajos
y sus diferentes estilos de vida.

A las aves que aspiraban a prosperar
dentro de sus empresas,
se les animaba a adoptar
la apariencia y el comportamiento
de los pingüinos,
a acortar sus pasos
para imitar su peculiar caminar,
a vestir traje de pingüino
y a seguir el ejemplo de sus líderes.

Los departamentos
de Desarrollo de los Empleados
ofrecían amplios programas
de formación
para enseñar el comportamiento
adecuado, al estilo
de los pingüinos.

Las reglas y las normas
estaban claramente definidas
desde el primer día.

Los pingüinos no se cansaban de repetir
de manera sutil (y a veces no tan sutil):

«Así es cómo se hacen las cosas aquí»,

«Quien quiera triunfar
ha de ser como nosotros».

A pesar de que algunas aves
se esforzaban en adoptar
la apariencia y el comportamiento
de los pingüinos,
nunca lograban alcanzar
los puestos clave.

Por más que lo intentaban,
siempre quedaban un paso atrás.

Todos daban por sentado
que los pingüinos
eran líderes naturales:
metódicos, leales y
buenos trabajadores en equipo.

Se consideraba que los pingüinos
anteponían siempre
los intereses de la empresa
a los personales y familiares.

Se pensaba que las
otras aves
eran más volubles
y menos responsables.

Por supuesto,
esto nunca se decía
en voz alta
ni por escrito.

Porque,
como en cualquier empresa,
los pingüinos querían ser vistos
como aves imparciales
siempre dispuestas
a que los trabajadores
promocionen según
su talento
su trabajo
y su contribución.

Pero en realidad todos lo sabían:

Los pingüinos
siempre habían estado al mando
y siempre sería así.

Los pingüinos mayores
acogían a los más jóvenes
bajo sus alas
y les enseñaban a ser exitosos.

Les invitaban
a jugar al golf
y a hacer jogging.

Se sentaban juntos
en el comedor de la empresa
y hablaban de deportes.

Todo el mundo sabía
quiénes eran
los pingüinos importantes.

También se sabía
que los pingüinos
se sentían mucho más cómodos
cuando estaban juntos.

La vida era armoniosa
en el Reino de los Pingüinos,
siempre y cuando
todos aceptaran sus reglas.

Las otras aves, sin dudar,
sabían cómo debían actuar
para que los pingüinos
se sintieran cómodos
y seguros.

Pero un día
las cosas empezaron a cambiar
en el Reino de los Pingüinos . . .

Los pingüinos adultos
fueron a visitar otros reinos
y se encontraron
con otras aves cautivadoras
que les impresionaron
por su talento en gestión,
su experiencia
y sus logros.

«Estas aves no son pingüinos»
—se dijeron los pingüinos adultos,
«pero tal vez
podrían llegar a serlo
si las llevamos a nuestro reino
y les enseñamos
nuestra manera de trabajar».

«Seguro
que estas aves tan notables
podrán adaptarse al estilo de vida
del Reino de los Pingüinos
y con su talento
contribuir
a que seamos todavía
más exitosos».

«Nuestro clima es diferente:
helado y frío.
Y nuestro terreno es singular:
cubierto de hielo y árido.

«Pero si nosotros hemos conseguido
prosperar, seguro que
estas aves lo conseguirán también.

«Si son tan inteligentes
como parecen,
se adaptarán
a nuestro clima y a nuestras costumbres».

Y así fue cómo
Pedro, el pavo real,
llegó al Reino
de los Pingüinos . . .

Sin embargo,
Pedro no tenía nada que ver
con los pingüinos.

Es más,
era la antítesis de la pingüinidad.

Pedro era un pavo real:
un pájaro radiante, colorido y jocoso.

Pedro era un pavo real muy talentoso
que había conseguido
cosas impresionantes
en su propia tierra.

Sabía escribir bien
y era excelente
gestionando presupuestos.
Era creativo e imaginativo,
y al mismo tiempo,
práctico y sensato.

Tenía muchos amigos y admiradores
en su tierra natal,
donde era muy popular y querido.

Los altos directivos
del Reino de los Pingüinos
se quedaron perplejos
cuando conocieron a Pedro, el pavo real.

Sabían que era diferente,
pero se quedaron impresionados
con lo que había conseguido en su carrera
y estaban entusiasmados
con las posibilidades que esto
representaba.

Estaban convencidos de que Pedro
poseía un genuino potencial pingüino.

Por su parte,
Pedro se sentía atraído por los pingüinos
gracias a las maravillas que había oído y
leído sobre su reino:
la promesa de adquirir
prestigio y riqueza,
y la satisfacción de formar parte de
una empresa grande y poderosa.

Era una tierra próspera
y todas las aves
estaban muy bien pagadas.

«Mi futuro aquí será más brillante»
—pensó Pedro.

Y así fue cómo los pingüinos
y el pavo real
llegaron a un acuerdo.

Pedro se iría a vivir con ellos
y juntos
conseguirían
grandes cosas.

Al principio,
todo el mundo estaba encantado.

Los pingüinos estaban felices
e impresionados
con su nuevo pupilo.

Pedro destacaba
entre la multitud
por su brillo
y los destellos de color
que mostraba de vez en cuando.

Y Pedro también estaba encantado
con la novedad.

Estaba impresionado
con los pingüinos:
¡parecían tan importantes
con esos trajes blancos y negros,
especialmente cuando
asistían a reuniones
y eventos de la compañía!

Su formalidad y modales
eran muy diferentes
de todo lo que Pedro
había visto
o experimentado
hasta entonces.

Al principio,
el pavo real
iba con cuidado
de no hacer demasiada ostentación
de su colorido natural.

Pues algunos amigos
de su propio reino
habían advertido a Pedro
sobre los pingüinos.

Le habían prevenido
sobre las normas
y el estilo de gobierno
de los pingüinos.

Así pues, mantenía
sus plumas recogidas
la mayor parte del tiempo,
y solo de vez en cuando
las desplegaba
para deslumbrar a los pingüinos
con toda su variedad de talentos y colores.

Quería
que lo tomaran en serio
y deseaba
tener éxito.

Por eso,
reprimió por un tiempo
su propia naturaleza
de pavo real,
hasta estar seguro
de que los pingüinos
lo aceptaban por completo.

Confiaba en que,
cuando llegaran
los buenos resultados,
sería acogido con
todo su esplendor
de pavo real, y entonces
podría relajarse
y ser él mismo.

Y es que en el reino
donde él había nacido,
el Reino del Aprendizaje,
las cosas eran bien diferentes.

En ese reino
había muchas clases de aves diferentes.

Había aves sabias (los búhos),
aves poderosas (las águilas),
aves cazadoras (los halcones),
aves inverosímiles (los avestruces),
aves elegantes (los cisnes)
y aves extrañas (los albatros).

Era un reino muy poblado y bullicioso,
con una actividad frenética
y una competencia feroz.

Las aves tenían que trabajar duro,
aprender rápido,
y ser ingeniosas y creativas
si querían salir adelante.

Era un ambiente
estimulante, pero
muy exigente.

El lema del Reino del Aprendizaje era:

IMAGINA.
INTENTA.
PRUEBA.
¡HAZLO!

Todas las aves
trabajaban arduamente
para demostrar su talento
y ganarse un lugar
bajo el sol.

En el Reino del Aprendizaje
las aves no siempre
convivían en armonía.

A veces surgían
conflictos y diferencias,
peleas e irritaciones.

Pero los conflictos y las diferencias
eran valorados,
porque las aves sabían
que esa era la manera de poner a prueba
las nuevas ideas.

Los cambios y el progreso
se conseguían
discutiendo,
debatiendo
y razonando.

A nadie le importaba
que fueras un pingüino o un pavo real,
una paloma o una urraca.

Lo único que importaba
es que fueras
inteligente,
talentoso
y productivo.

La iniciativa,
la creatividad
y los resultados
eran altamente valorados.

Lo que había en tu interior
y lo que aportabas
era lo importante;
no el tipo ni el color del plumaje.

Pero a Pedro, el pavo real,
le esperaban retos muy diferentes
cuando dejó
el Reino del Aprendizaje
para ir a trabajar
al Reino de los Pingüinos.

Estaba acostumbrado a trabajar duro,
a luchar por sus ideas
y a competir con
muchos tipos de aves diferentes.
Pero nada ni nadie
le había preparado
para las costumbres
y maneras especiales
del Reino de los Pingüinos.

Quería hacer las cosas bien
y tener éxito.

Estaba orgulloso
de que los pingüinos,
siendo como eran
tan poderosos y prestigiosos,
le hubieran seleccionado a él
y deseaba complacerles.

Aprendió a caminar,
a hablar
y a moverse como los pingüinos.

Se decía a sí mismo:
«Qué curioso
que todos sean tan parecidos.
¡Son como clones!».

Estaba intrigado
y desconcertado
al mismo tiempo.

Y a medida que fue pasando el tiempo, empezaron los problemas . . .

Algunos pingüinos
empezaron a quejarse
de que su voz,
tan característica del pavo real,
era demasiado estridente.

Y es que verás,
los pingüinos hablan
en voz baja y pausada,
y la risa
y las entusiastas exclamaciones
del pavo real
perturbaban su tradicional
sentido del decoro.

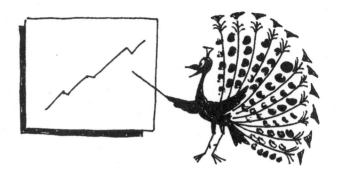

Sus plumas empezaron a mostrar
cada vez más su esplendor,
mientras trabajaba duro
y hacía grandes progresos.

Todos estaban de acuerdo
en que tenía mucho talento
y era muy productivo,
y estaban encantados
con los impresionantes resultados
de su trabajo.

Pero su naturaleza llamativa y vistosa
incomodaba a algunos
pingüinos de mayor edad.

Muchos de los otros pingüinos
del reino
estaban encantados
de tener a una nueva y peculiar ave
entre ellos.

Decían que era
«un soplo de aire fresco»
y acogían con agrado su exuberancia.

Algunos pingüinos jóvenes
se preguntaban en voz baja
cuánto tiempo más
duraría el pavo real
en el Reino de los Pingüinos.

Veían que era
totalmente diferente a ellos
y se preguntaban hasta cuándo
lo tolerarían los pingüinos mayores.

Un par de pingüinos mayores
intentaron acogerlo
bajo sus alas y aconsejarlo.

«Mira» —le decían—
«nos gusta tu trabajo,
pero a algunos de nosotros,
que somos ya mayores,
nos incomoda tu estilo».

«Debes cambiar para ser aceptado».

«¿Por qué no te pones un traje de pingüino
y así te pareces más a nosotros?».

45

«No me queda bien»
—respondió Pedro, el pavo real.

«Es demasiado ajustado y me aprieta.
Me aplasta las plumas de la cola
y no puedo mover bien las alas».

«No puedo trabajar si no estoy cómodo».

Los pingüinos de más edad insistieron:
«Está bien, entonces
tal vez podrías pintarte las plumas
de blanco y negro
como las nuestras».

«Así al menos
no parecerás
tan diferente».

«¿Qué hay de malo en ser como soy?»
—les preguntó Pedro.

Estaba dolido y confundido.

«Trabajo mucho
y mis resultados son excelentes,
todo el mundo lo dice».

«¿Por qué no os fijáis en mi trabajo
en lugar de en mis plumas?».

«¿Acaso no son mis logros
más importantes
que mi aspecto?».

«Es solo una pequeñez»
—respondieron los pingüinos.

«Eres inteligente y talentoso.
Podrías tener un futuro brillante aquí.
Lo único que tienes que hacer
es comportarte más como nosotros
y entonces los pingüinos mayores
se sentirán más cómodos».

«Ponte el traje de pingüino,
habla en voz baja
y acorta tu zancada».

«Observa a los otros pingüinos,
¿ves cómo actúan?».

«Trata de ser como nosotros».

Pedro sabía
que sus intenciones eran buenas,
pero aun así
sus palabras le hirieron.

«¿Por qué no puedo ser quien soy
¿Por qué tengo que cambiar
para que me aceptéis?»
— les preguntó.

«Aquí las cosas son así»
—le contestaron los pingüinos
encogiéndose de hombros.

«Y así es en todos los territorios
del Mar de las Organizaciones».

Se planteó que tal vez tenían razón,
pero en el fondo de su corazón
no quería aceptarlo.

Les agradeció
sus consejos
y que se preocuparan por él,
y se retiró a su nido
a reflexionar.

Pasaban los meses
y Pedro compartió su dilema
con algunas otras aves en las que confiaba.

Varias de ellas
también eran aves
que habían sido contratadas
más o menos cuando Pedro
llegó al Reino de los Pingüinos.

Muchas de ellas
estaban teniendo
el mismo tipo
de problemas . . .

El águila Eduardo
se quejaba de que a él
también le estaban presionando
para que cambiara.

Era inteligente y fuerte,
y muy talentoso en su trabajo,
e incluso vestía el reglamentario
traje de pingüino.

Pero Eduardo no hablaba
ni se comportaba como un pingüino,
cosa que incomodaba a los ancianos.

Como les avergonzaba
su acento,
lo mandaron
a una prestigiosa
y tradicional
Escuela de Negocios del Este
que capacitaba a los pingüinos ejecutivos.

Pero no funcionó.
Eduardo seguía siendo
un águila con traje de pingüino.

No podía cambiar.

Y Elena, el halcón, tuvo
problemas similares.

Era hermosa y poderosa;
inteligente, ingeniosa y enérgica.
Era una gran cazadora
con un enorme instinto competitivo.

Llevaba su traje de pingüino,
que aunque un poco más colorido
que el de los pingüinos machos,
seguía siendo del todo aceptable.

Elena intentó adaptarse
al estilo de los pingüinos,
pero siempre salía a relucir
su naturaleza de halcón.

Sus garras eran afiladas,
su mirada penetrante,
su actitud severa,
y su instinto cazador
estaba siempre alerta.

Su estilo agresivo
incomodaba a los pingüinos más veteranos.

Lo mismo le pasaba a Miguel, el ruiseñor.

Era un ave especialmente genial:
creativa,
imaginativa
e impulsiva.
Le atraían las ideas brillantes.

Volaba rápido,
trabajaba mucho
y saltaba de un lado a otro
haciendo que ocurrieran cosas buenas
en el Reino de los Pingüinos.

Pero Miguel enseguida se dio cuenta
de que los pingüinos eran aves territoriales
que construyen sus imperios
establecen su orden jerárquico,
y se oponen con firmeza
a que alguien entre en su territorio
sin haber sido invitado.

Dado que Miguel no era un pingüino,
no podía entender las políticas
ni los conflictos territoriales
de los pingüinos más veteranos.

Debido a su predilección por la creatividad
y a una imaginación increíble,
fuera de la común,
en ocasiones ofendía
a algunos de los pingüinos de más edad
al entrar en sus territorios.

Los pingüinos se sentían amenazados
y molestos por sus intrusiones.

Al igual que Eduardo, el águila,
y Elena, el halcón,
Miguel también llevaba su traje de pingüino
y se esforzaba por aprender los modales
de los pingüinos para ser aceptado.

Pero en el fondo,
no podía dejar de ser
lo que realmente era.

Lo mismo le ocurría
al cisne Sara.

Era una soñadora optimista
que tenía visiones inusuales
para el futuro
del Reino de los Pingüinos.

Tenía ideas interesantes,
originales y acertadas,
pero muchas veces
nadie las oía
porque Sara las exponía
con demasiada suavidad.

Su estilo era elegante,
sus modales refinados,
pero los pingüinos dudaban
de su fortaleza
y su tenacidad.

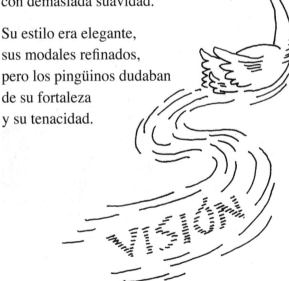

Había muchas otras aves . . .

Lo que todas tenían en común
era que ninguna de ellas
se había criado
en el Reino de los Pingüinos.

Habían sido traídas
y contratadas
de otros lugares.

Los pingüinos adultos
habían atraído a estas aves
con sus promesas de éxito:

«Queremos tus ideas frescas.
Admiramos tu pasado profesional
y queremos que hagas
grandes cosas para nosotros».

Pero,
en cuanto las nuevas aves
estaban dentro de la empresa,
los pingüinos mayores les daban
trajes de pingüinos
y les obligaban
a hablar,
a actuar
y a pensar
como pingüinos.

Los pingüinos decían:
«Somos partidarios de la diversidad».

Pero sus acciones los traicionaban.

Mientras tanto, las aves exóticas
que habían sido reclutadas
comentaban
sus frustraciones entre ellas
intentando encontrar
una solución.

Varias de ellas
decidieron
tratar de cambiar la cultura
en lugar de dejar que
la cultura las cambiara a ellas.

«Empezaremos por nuestros jefes
y por otros pingüinos importantes,
pero lo haremos
sin que se note
demasiado».

Cada una de ellas
empezó a desarrollar una estrategia
para convertirse
en agentes del cambio
dentro del Reino de los Pingüinos.

Eduardo, el águila, por ejemplo,
puso en práctica una **«estrategia de apoyo»**.

*«Sorprende a tu jefe
cuando esté haciendo algo bien hecho...
(o más o menos bien hecho)».*

Siempre que su jefe
aceptaba
una idea nueva,
Eduardo le animaba
diciéndole:
«Agradezco
tu disposición
a intentar algo diferente.
Tu apoyo
hace que mi trabajo
sea más interesante
y gratificante».

Elena, el halcón,
tenía sus propias ideas
sobre cómo lograr el cambio y utilizó
la **«estrategia del pensamiento esperanzador».**

«Actúa a partir de
*supuestos que **te gustaría***
que fueran ciertos...
(con cuidado, por supuesto)».

Elena enviaba regularmente a su jefe
recortes de periódicos
y artículos de revistas
con una nota personal
que ponía:

«Dado tu interés
en aprender nuevas maneras
de gestionar el marketing,
he pensado
que te gustaría leer este artículo
sobre Prosperous Enterprise, Inc.
que acaba de publicar
la *Revista de las Empresas Exitosas».*

Miguel, el ruiseñor,
decidió intentar una estrategia
extremadamente audaz que llamó
«estrategia de ignorancia calculada».

«Viola la política de los pingüinos
y si te pillan
utiliza la Respuesta del
Pródigo Desconcertado».

Cada vez que a Miguel le preguntaban
sobre la toma de una decisión concreta,
adoptaba una expresión de perplejidad
mientras describía
cómo un atajo
lograría algo
que todos habían acordado
que era importante.

El cisne Sara
fue mucho más suave
en su enfoque y utilizó
la **«estrategia del aprendizaje seguro»**.

«Presenta
las nuevas ideas
a los pingüinos adultos
en sitios
donde
no les dé vergüenza
responder».

Sara exponía de manera informal
sus ideas y sugerencias
en conversaciones privadas
y en entornos informales.

Ella «sembraba las ideas»,
las dejaba crecer lentamente
y observaba el progreso.

Otras aves
decidieron transformarse
e hicieron todo lo posible
por convertirse en pingüinos.

Intentaban caminar como pingüinos
y hablar como pingüinos.

Arreglaban su plumaje
y practicaban con esmero
para lograr el resultado deseado.

Pero, al final,
terminaban fracasando,
pues no podían
dejar de ser ellas mismas.

Y unas pocas aves,
como Pedro,
ni siquiera intentaron
convertirse en pingüinos.

El corazón de Pedro
le decía
que debía haber algún reino
en el inmenso Mar de las Organizaciones,
donde pudiera ser un pavo real
y ser valorado
por su singularidad.

Se resistió a los consejos
y a la presión de los pingüinos
convencido de que debía ser valorado
por sus resultados.

Con el tiempo,
las cosas fueron empeorando
para Pedro
y para las otras aves exóticas
que vivían en
el Reino de los Pingüinos . . .

Sus estrategias
para cambiar
la forma de hacer las cosas,
se toparon
con la oposición y la burocracia
de los pingüinos.

Sus ideas y esfuerzos
fueron ignorados
y rechazados.

Cuando preguntaron «¿por qué?»,
obtuvieron una única respuesta:
«Así es como
siempre hemos hecho las cosas aquí.».

Las aves exóticas aprendieron
a través de su dolorosa experiencia
que la cultura
en el Reino de los Pingüinos
estaba profundamente arraigada.

Las estructuras y los sistemas
eran rígidos e inquebrantables.
Las políticas y los procedimientos
velaban por la continuidad
de las prácticas de los pingüinos.

Finalmente se hizo evidente
que los esfuerzos individuales
de persuasión e influencia
eran inútiles y absurdos
ante una tradición y estructura
tan arraigada.

Las aves exóticas se dieron cuenta
de que el estilo de trabajo de los pingüinos
se había desarrollado
a lo largo de muchos años
y que no lo iban
a poder cambiar.

Las estrategias
que utilizaron las aves
para convertirse en pingüinos
tampoco funcionaron,
porque, en el fondo,
ellas no eran pingüinos.

No podían cambiar
su naturaleza.

Sus corazones estaban llenos
de decepción,
frustración
y tristeza.

Habían llegado
hasta el Reino de los Pingüinos
colmados de esperanzas
y expectativas.

Pretendían contribuir
y tener éxito.

Pero lo que obtuvieron fue
una crítica silenciosa,
un conformismo asfixiante y
un rechazo sutil.

Y así fue como
Pedro y las demás aves,
una tras otra,
empezaron a darse cuenta
de lo mismo:

Que nunca podrían ser ellas mismas
en el Reino de los Pingüinos.

Tenían que marcharse.

Sabían que su futuro estaba
en otro lugar
del inmenso Mar de las Organizaciones.

Algunas de las aves
tomaron la iniciativa de irse
del Reino de los Pingüinos.

Otras, en cambio,
fueron obligadas
por los pingüinos de más edad
a marcharse:
«Nos hacéis sentir incómodos,
no encajáis aquí,
debéis iros»,
les dijeron.

Tanto si se habían ido por voluntad propia,
como si habían sido expulsadas
por los pingüinos más veteranos,
todas las aves que se fueron
compartían una cosa en común:
el sentimiento de dolor y de confusión
por ser diferentes,
y la tristeza y la decepción
por no haber sido aceptadas
por ser tal como eran.

Todas estas aves de plumajes diversos
habían estado enfrentándose
al mismo dilema:

¿Hasta qué punto
podían
o querían
cambiar para «encajar»
y ser aceptadas
en el Reino de los Pingüinos,
y en qué medida podían
seguir siendo ellas mismas?

¿Qué precio estarían dispuestas a pagar
para prosperar en aquel lugar?

Y, a su vez, los pingüinos
tenían también su propio dilema:

¿Hasta qué punto
estarían dispuestos a tolerar
la diversidad en su reino
manteniendo al mismo tiempo
su propio nivel de comodidad?

¿No pondrían en peligro
todas estas diferencias
su armoniosa cultura corporativa?

Después de todo
los pingüinos
llevaban años
disfrutando de prosperidad
siguiendo sus tradiciones
y su manera de trabajar.

No estaban dispuestos
a cambiar el estilo
que los había llevado al éxito.

Y estaban decepcionados
porque muchas de
las nuevas incorporaciones
no habían funcionado.

Pedro, el pavo real,
fue el primero en irse.

Tenía muchos amigos
de otros reinos
que le habían hablado
de un lugar nuevo y maravilloso
que habían visitado en sus viajes.

Lo describían como
«el Reino de las Oportunidades».

Le decían
que en ese reino
le valorarían
por su trabajo
y sus aportaciones,
y que su singularidad,
en vez de ser criticada,
sería elogiada.

Que podría ser
colorido,
extravagante
y entusiasta
y los demás le apreciarían
por su peculiar estilo.

¿Podría esperar para comprobar
si esas afirmaciones eran ciertas?

¿Acaso sería el sitio
que llevaba tanto tiempo soñando?

Tenía que ir
y comprobarlo por sí mismo.

Cuando Pedro llegó
al Reino de las Oportunidades
descubrió que
no tenía nada que ver con
el Reino de los Pingüinos . . .

En el Reino de las Oportunidades,
ni los trabajadores ni los jefes
perdían tiempo ni energía
tratando de aparentar
lo que no eran.

Sabían que
para triunfar
en el turbulento y competitivo
Mar de las Organizaciones,
necesitaban del apoyo
de todo tipo de aves diferentes.

Y sabían que
los requisitos más importantes
para el éxito organizacional
eran la aceptación y la confianza.

La aceptación y la confianza
son las que hacen posible
que cada ave
cante su propia canción,
confiando que será escuchada,
incluso por aquellos
que cantan con una voz diferente.

Todas las aves se expresaban
libremente,
y sus animados intercambios
de opiniones
aseguraban que
su trabajo
y sus formas de hacer las cosas
mejoraran constantemente.

Lo mejor de todo
era que tenían plena confianza
en sus líderes,
aves de muchos tipos diferentes
que habían ascendido
por su talento,
su capacidad
y su habilidad.

El lema aquí era:

E PLURIBUS MAXIMUS
La diversidad engrandece

Algunas aves nadaban,
muchas volaban
y otras mantenían sus patas
bien plantadas en la tierra.

Esto les proporcionaba
muchas y diferentes perspectivas
sobre el mundo
que compartían
de una manera fácil y abierta
entre ellas.

El conocimiento que compartían
las hacía sabias,
y su sabiduría les hacía triunfar.

Pedro sabía que
había encontrado su nuevo hogar.

A medida que fueron pasando
los meses y los años,
Eduardo, el águila,
Elena, el halcón,
Miguel, el ruiseñor
y Sara, el cisne,
también se fueron,
de uno en uno,
al Reino de las Oportunidades.

Pedro les había hablado
de la libertad
y la tolerancia
que allí existía.

En este reino,
Eduardo podía volar libre y alto,
elevándose hasta
donde sus alas se lo permitían.

Otros admiraban
su gracia y su poder
y comentaban
que era una fuente de inspiración
para las aves más jóvenes
que venían de pasados más humildes
pero tenían el ambicioso sueño
de volar muy alto algún día
ellas también.

Y a nadie le importaba
su forma de hablar,
con su singular acento.

Elena,
que ponía nerviosos a los pingüinos
por su energía, su entusiasmo
y su agudo instinto competitivo,
encontró en el Reino de las Oportunidades
un lugar donde era bienvenida.

Sus compañeros valoraban
sus dotes de cazadora y
su habilidad para detectar
tendencias emergentes
y la posibilidad de
nuevos proyectos.

Solían hablar con frecuencia
de su elegante belleza
y de su estilo distintivo.

Elena encajaba perfectamente
en su nueva posición
en el Reino de las Oportunidades.

Miguel pudo, por fin,
experimentar la alegría creativa
de saltar de proyecto en proyecto,
de trabajar duro y rápido,
y de aportar nuevas ideas
allí donde iba.

Ya no se sentía encadenado
al rígido orden jerárquico
ni a los límites
que imponían los pingüinos.
Su productividad se disparó
y todos se quedaron maravillados
de sus excelentes capacidades.

Sara también encontró que
el Reino de las Oportunidades
era un lugar acogedor para
su estilo de trabajo
idealista,
reflexivo
e imaginativo.

Empezó a escribir
y a desarrollar ideas
que antes pensaba
que no serían posibles
en su lugar de trabajo.

Otras aves se acercaban a ella
para colaborar y compartir
la realización de sus sueños.

Era apreciada
por la libertad que
brindaba a los demás
y por su estilo amable y gentil.

Todas estas aves diversas
prosperaron y crecieron
como nunca lo habían hecho.

Se sintieron valoradas
y apreciadas
por las otras aves
del reino.

Experimentaron una nueva libertad
que les permitía volar
cada una a su manera.

Trabajaron duro
y disfrutaron
los frutos de su trabajo.

*Pero por encima de todo,
sintieron la dicha de poder ser ellas mismas.*

Pedro, el pavo real, desplegaba su cola de múltiples colores.

Eduardo, el águila, remontaba el vuelo con poder y gracia.

Elena, el halcón, vigilaba y cazaba.

Miguel, el ruiseñor, seguía sus instintos creativos y sus ideas innovadoras.

Y,

Sara, el cisne, flotaba y se dejaba llevar por las corrientes.

Pedro y sus amigos
descubrieron que en
el Reino de las Oportunidades
la vida era buena
y el futuro brillante.

Allí todas las aves prosperaban,
cada una con su estilo,
y todas sus contribuciones
eran bien recibidas y apreciadas
por parte de sus compañeros.

*Al final comprendieron
que el Reino de las Oportunidades,
es más que un lugar . . .*

Es un estado mental.

El Reino de las Oportunidades es una actitud.

Es decir,
la apertura a nuevas ideas,
la disposición a escuchar,
el afán de aprender,
el deseo de crecer y
la flexibilidad para cambiar.

El Reino de las Oportunidades
es una nueva manera de relacionarnos.

Se hace realidad
cuando dejamos de juzgarnos unos a otros
por criterios superficiales
y empezamos a ver
y a apreciar a cada uno
por su originalidad,
su talento,
sus capacidades
y su valor.

El Reino de las Oportunidades
es el lugar donde vivimos y trabajamos
cuando decidimos
mirar con ojos nuevos,
vivir desde el corazón,
y nos permitimos a nosotros mismos
y a los demás
ser lo que verdaderamente somos . . .

Nosotros mismos.

Fin

Epílogo

¿. . . y qué pasa con el Reino de los Pingüinos?

Su historia continúa desarrollándose
día tras día en muchas
empresas y organizaciones
de todo el mundo . . .

Segunda parte

De la fábula a la práctica: consejos y herramientas para amigos de distinto plumaje

Para pavos reales y otras aves exóticas
que están intentando encontrar el camino
hacia su propio Reino de las Oportunidades . . .

¿Eres un pavo real u otro tipo de ave exótica?

Sí No

__ __ 1. ¿Sientes a menudo que no «encajas» o que eres «diferente» a los demás en algo fundamental?

__ __ 2. ¿Te critican por no ser «jugador de equipo»? («Jugador de equipo» como eufemismo de alguien que cumple las normas del grupo).

__ __ 3. ¿Te sientes presionado por tu jefe o por otros a cambiar tu personalidad para poder encajar?

__ __ 4. ¿Te sientes ninguneado, aislado o excluido del flujo de información y de la toma de decisiones?

__ __ 5. ¿Eres incapaz de elegir a un alto directivo como modelo a imitar?

__ __ 6. ¿Suelen ser tus ideas y sugerencias rechazadas por no ser «la forma de hacer las cosas aquí»?

__ __ 7. ¿Sientes que no te valoran por tus talentos y habilidades mientras que otros con menos talento que tú son promocionados y recompensados?

__ __ 8. ¿Estás siempre intentando descubrir «qué hay de malo en mí»?

__ __ 9. ¿Te sientes reprimido, atascado o frustrado por culpa del «sistema»?

__ __10. ¿Suelen ignorarte, interrumpirte o despreciarte cuando haces comentarios o sugerencias en las reuniones?

__ __Total

Si has respondido «sí» a 6 preguntas o más, es que eres un pavo real u otro tipo de ave exótica en tu organización.

Si has respondido «sí» a 4 o 5 preguntas, probablemente tienes sentimientos encontrados respecto a tu trabajo. En algunos aspectos encajas bien, pero en otros no.

Si has respondido «sí» a 3 preguntas o menos, seguramente eres un ave exótica en el Reino de las Oportunidades; o un pingüino en el Reino de los Pingüinos. Lo importante es que encajas a la perfección en tu organización.

¿Te identificas con alguna de las aves de la fábula?

Una de las cosas maravillosas que tienen las alegorías es que los lectores tienen la oportunidad de verse reflejados a sí mismos en algunos de los personajes. ¿Te ha ocurrido a ti al leer la fábula de Pedro en el Reino de los Pingüinos? ¿Te has visto identificado con Pedro o con alguno de sus amigos?

El pavo real Pedro es un pájaro brillante, talentoso y creativo que trabaja mucho y quiere que le juzguen por la calidad de su trabajo y no por su apariencia. Pero se siente herido por el feedback negativo que recibe de sus jefes; no entiende que su estilo sea más valorado que su esencia. ¿Te has sentido alguna vez como Pedro? ¿Qué has sentido?

Elena, el halcón, es inteligente, hábil y resuelta. Su estilo es directo y sin rodeos. No soporta a los imbéciles. Siente la misma frustración que sienten muchas mujeres en el trabajo: la critican por ser demasiado «masculina», porque es «demasiado dura» y «poco femenina». ¿Te has sentido alguna vez como Elena? Independientemente de que seas hombre o mujer, ¿te han dicho alguna vez que «relajes la actitud» porque tu enfoque directo molesta a las personas? ¿Cómo te hizo sentir eso?

El cisne Sara tiene el problema contrario. Es inteligente y tiene muy buenas ideas, pero su estilo amable y tranquilo hace que los pingüinos no la tomen en serio. Intenta aportar sus ideas, pero los pingüinos la ignoran porque prefieren escuchar las de otras aves más asertivas. Las mujeres no son las únicas que experimentan algo así en el trabajo; también hay hombres creativos que enfrentan la misma frustración que Sara. A las personas introvertidas, sean del género que sean, les suele costar que les reconozcan por sus talentos y habilidades cuando son personas extrovertidas las que dirigen el gallinero. ¿Te has sentido alguna vez como Sara? ¿Cómo resultó esa experiencia para ti?

Eduardo, el águila, es un ave sabia e inteligente que ha alcanzado el éxito a través del esfuerzo, comenzando desde abajo en su profesión y ascendiendo poco a poco. No tiene título universitario ni pedigrí por lo que se siente en desventaja por su falta de educación y la confianza que esta aporta. Los pingüinos le han mandado a un programa para ejecutivos con la finalidad de pulirlo un poco, pero siguen pensando que todavía no tiene lo que necesita para ascender en el Reino de los Pingüinos. ¿Te has sentido alguna vez como Eduardo? ¿Hay algo de tu pasado que te impida conseguir lo que quieres en tu carrera?

Miguel, el ruiseñor, tiene la educación que le falta a Eduardo, pero tiene sus propios problemas con los pingüinos. Es extremadamente creativo y excepcional «pensando fuera de la caja». Pero su entusiasmo por aportar le lleva a violar la cadena de mando y a ignorar los límites que toda organización tiene. Los pingüinos le recriminan por su falta de respeto y le instan a que siga las reglas y que se guarde sus ideas locas para sí mismo. ¿Te has sentido alguna vez como Miguel? ¿Qué haces cuando a tus compañeros no les gustan tus buenas ideas?

¿Y qué pasa con los pingüinos? ¿Te identificas como un pingüino? ¿Eres tradicional y conservador en tu estilo de trabajo? ¿Te resistes al cambio? ¿Eres más feliz cuando tu vida laboral es ordenada, previsible y rutinaria?

En realidad, los pingüinos no son aves malas, sino que simplemente prefieren mantenerse dentro de su zona de confort y evitar los riesgos. Los pingüinos se sienten cómodos con la burocracia, las rutinas, las estructuras y las tradiciones. ¿Te has sentido alguna vez como un pingüino? ¿Qué ocurre cuando te encuentras con aves diferentes a ti?

Tal vez no te hayas identificado con ningún ave en concreto, sino con una combinación de cualidades de varias. Si fueras un ave, ¿cuál te gustaría ser? ¿Qué tipo de canto entonarías? ¿Cómo te desplazas: vuelas, nadas, te gusta caminar o dar saltitos? ¿Cómo es tu plumaje? ¿Eres un híbrido de dos o más tipos de aves? ¿Eres realmente único entre un millón? ¿Cuáles son tus cualidades únicas? ¿Cómo te sientes siendo tan especial, tan singular? Si tuvieras que escribir una historia sobre tu experiencia en el Reino de los Pingüinos, ¿cómo sería?

Estrategias para aves de diferentes plumajes

Si eres un pavo real u otro tipo de ave exótica en tu empresa, tienes la posibilidad de quedarte en tu organización o volar hacia otra empresa, o incluso dirigir tu propio negocio.

Si decides quedarte, puedes hacer muchas cosas para sobrevivir (¡incluso para prosperar!) aunque el entorno de trabajo no sea perfecto. Cada una de las estrategias descritas aquí tiene ventajas e inconvenientes. Unas te parecerán realistas y fáciles de implementar en tu situación, mientras que otras te resultarán imposibles de poner en práctica. Otras te llamarán la atención pero no estás seguro de poder llevarlas a cabo. Y otras te parecerán políticamente peligrosas para tu empresa o que suponen un riesgo para tus objetivos profesionales.

Comenta estas estrategias con tus amigos de confianza y antes de decidir qué estrategia(s) adoptar evalúa cada una de ellas en base a tu situación personal. Solo tú puedes decidir cuál es la más apropiada para ti y para tu futuro profesional. A lo mejor esta lista de estrategias estimula tu propia creatividad a la hora de planificar tu futuro, ya sea dentro o fuera del Reino de los Pingüinos.

Estrategia del pájaro azul
Mantén una actitud positiva. Intenta sacar provecho de las situaciones difíciles. Es posible que seas de esas personas que saben dar la vuelta a los problemas. Probablemente eres optimista por naturaleza, ves siempre el lado bueno de las personas y el lado positivo de las cosas. En tu caso, esta estrategia te será bastante efectiva porque obtendrás lo que esperas en términos de resultados positivos, e incluso cuando no sea así, sabes cómo convertir los limones en limonada.

Estrategia del ruiseñor
Imita a los que te rodean. Esfuérzate en parecerte a ellos para encajar bien en la empresa. Los que adoptan esta estrategia saben adaptarse a la empresa y son flexibles. Es una estrategia correcta que te puede llevar a obtener un gran éxito profesional. Sin embargo, los pájaros imitadores deben ser conscientes que el precio personal que pagan por adaptarse puede ser muy alto. Algunos acaban llevando una doble vida: actúan de una manera en el trabajo y solo pueden relajarse y ser tal como son fuera del trabajo. Piénsatelo dos veces antes de vender tu alma para tener éxito.

Estrategia del gorrión
Sé neutral e intenta pasar desapercibido. Mantén un perfil bajo y nadie se fijará en ti. Esta estrategia te ayudará a sobrevivir durante un tiempo e incluso podrás ser feliz llevando una vida profesional como esta. Probablemente, sobrevivirás a muchos peligros y amenazas organizacionales. Puesto que no destacas nadie se fijará en ti, pero es probable que nunca llegues a experimentar la emoción de aportar ideas nuevas, de asumir riesgos, de dar tu opinión a un problema importante que te preocupa, o de ganarte la credibilidad y visibilidad para un futuro avance profesional.

Estrategia del colibrí

Muévete de manera rápida y eficiente. (Es difícil dar en una diana que siempre se está moviendo). Puedes sacar mucho provecho de esta estrategia y tener bastante éxito en tu organización y en tu carrera. Te considerarán un buen trabajador capaz de conseguir resultados rápidos.

Estrategia del canario

Estas lleno de color y encanto. Encajas bien y eres un centro de atención positivo. Ser encantador y entretenido te ayudará mucho en la vida y en el trabajo, especialmente en según qué ámbitos. Esta estrategia resulta algo natural para la gente que trabaja en ventas, marketing, relaciones públicas y recursos humanos, y puede ser igual de efectiva en otros ámbitos. Pero procura desarrollar algo de sustancia para respaldar tu estilo. Si todo es pura apariencia, tarde o temprano se darán cuenta.

Estrategia del cisne

Haz tu trabajo y gánate el respeto de los demás dignamente. Algunas personas se ganan el respeto de los demás gracias a su impresionante presencia personal y a que transmiten una imagen de natural elegancia y confianza. Esto suele ser producto de una profunda confianza y aprecio por sí mismos (autovaloración) y de la demostración de habilidades y competencias que respaldan esa confianza. Los cisnes suelen ser muy exitosos en sus carreras y en sus vidas.

Estrategia del buitre

En lugar de enfocarte en lo que te hace ser diferente, hazte indispensable haciendo aquellos trabajos que nadie más quiere hacer. Todas las empresas necesitan de gente dispuesta a hacer el trabajo que nadie quiere hacer. Tal vez a ti te interese embarcarte en proyectos «imposibles» que otros temen abordar, o estés dispuesto a hacer aquellas tareas aburridas pero importantes que se han de hacer. Utilizando esta estrategia te puedes convertir en un jugador clave de tu empresa.

Estrategia del búho

Conviértete en alguien valioso e importante para la empresa haciéndote experto en algo que la empresa necesita. Todas las empresas necesitan búhos: especialistas técnicos, expertos en determinados temas, o simplemente personas experimentadas que sepan mucho de temas empresariales. Te puedes convertir en una persona indispensable de tu grupo si te conviertes en un búho.

Estrategia del halcón

Transfórmate en alguien valioso para tu organización convirtiéndote en un cazador hábil que consigue nuevos negocios y oportunidades. Los halcones son muy valiosos en cualquier empresa, y generalmente son apreciados y tratados con respeto, incluso si son algo diferentes de la corriente principal. Tu seguridad laboral y tu éxito profesional dependen de tu capacidad para generar oportunidades, nuevos negocios o crecimiento en la organización. Te irá bien.

Estrategia de la paloma

Conviértete en el pacificador, el solucionador de problemas. Esta función es importante porque en todas las empresas surgen problemas y conflictos (en las operaciones, en las relaciones entre los empleados, en las finanzas, en el marketing y en cualquier otra área). Si eres bueno resolviendo conflictos, analizando problemas complejos y encontrando soluciones, serás valorado en tu empresa, ¡y en *cualquier* empresa!

Estrategia del águila

Enfrenta los desafíos y asume el rol de liderar el cambio de tu organización para hacerla mejor. Ser águila no es fácil. A menudo significa dejar de lado tus propios sentimientos por un bien mayor y hacer sacrificios personales que beneficiarán a todos a largo plazo. Siempre hay que pagar un precio por convertirse en líder, pero también se obtienen grandes recompensas. ¿Quieres ser líder de tu empresa? ¿Puedes aportar algo a tu empresa que la convierta en un mejor lugar de trabajo con mejores perspectivas de futuro? Si es así, vuela tan rápido y alto como tus alas te permitan. ¡El mundo necesita más líderes!

Estrategia del pavo real

Deslumbra a los demás con tu increíble talento y con resultados positivos. Pero ten en cuenta que tu destello y tu resplandor puede llegar a incomodar a la gente, o tal vez se sienta amenazada por tu éxito. Los pavos reales suelen destacar en todos los ámbitos, pero esto puede volverse en su contra si ello conlleva que otras personas se sientan incómodas. Tendrás que saber cuándo te conviene tener las plumas plegadas con modestia y cuándo es adecuado mostrarlas para causar impacto. La gente disfruta cuando está con los pavos reales siempre y cuando éstos no exageren sus cualidades. Algunas empresas (como las empresas tipo pingüino) no toleran el comportamiento de los pavos reales y por eso tienen que tener mucho cuidado a la hora de elegir dónde trabajar y estar dispuestos a cambiar su comportamiento si deciden hacerlo en una empresa de pingüinos.

Estrategia del avestruz

Entierra la cabeza en la arena, pretendiendo que nada malo está pasando. Esta estrategia te puede funcionar durante un tiempo, pero a largo plazo no te beneficiará. Ignorar la realidad de la empresa es poner en peligro tu potencial profesional y exponerte a riesgos que podrían tener consecuencias negativas cuando menos te lo esperas.

Estrategia del pollo

Encogerse de hombros y quejarse de lo mal que están las cosas, pero sin aventurarte a intentar cambiarlas. Ves que hay problemas en la empresa; son problemas que tienen un impacto negativo en ti, pero por miedo o por inseguridad no te arriesgas a intentar cambiar las cosas. Esta estrategia te puede mantener a salvo, pero también puede generar en ti sentimientos de impotencia e insignificancia.

Estrategia del ganso

Reduce tus pérdidas y vuela hacia el sur en busca de un entorno más hospitalario. A veces, hay que saber reducir las pérdidas y seguir avanzando. Si hay diferencias irreconciliables entre tú y la empresa (o entre tú y tu jefe) y ninguna de las estrategias te funciona, lo mejor es que abandones la empresa. Se trata de una decisión muy personal y sólo tú sabes si es la mejor opción.

Otras estrategias

¡Sé creativo y escribe tu propia estrategia! _____

_____

_____

_____

_____

_____

_____

_____

_____

_____

_____

_____

_____

_____

Pingüinidad positiva: lo que los pavos reales pueden aprender de los pingüinos

Es fácil enfadarse con los pingüinos, sobre todo si eres un pavo real. Los pingüinos tienen un orden establecido y pueden ser arrogantes y pomposos, pero ten en cuenta que casi siempre tienen buenas intenciones. Se aferran a sus normas y son de mente estrecha, pero esto no quiere decir que sean totalmente inútiles para la empresa. Es cierto que no nos gusta que nos domine la inercia burocrática, pero hay una serie de cosas que podemos aprender de nuestras relaciones con los pingüinos. Estas son:

- Muchas veces es mejor pecar de cautos a la hora de evaluar ideas o proyectos nuevos. Está bien seguir las intuiciones, pero adoptar la perspectiva de los pingüinos nos puede ayudar a no ser demasiado impulsivos. Podemos aprender de ellos a asumir riesgos *calculados*.

- Puesto que hay muchos pingüinos ocupando cargos importantes en empresas de todo tipo y tamaño, es importante saber relacionarse con ellos de una manera efectiva. Estaría bien tener a mano un traje de pingüino y aprender su «lenguaje» para interactuar con ellos cuando sea necesario. Considéralo un ejercicio de flexibilidad. Cuanto mejor te relaciones con ellos (y con todos los tipos de aves), más éxito tendrás.

- Los pingüinos son como son porque fueron exitosos en el pasado. ¿Qué puedes aprender de ellos? ¿Qué actitudes o comportamientos te han ayudado a prosperar en el pasado? ¿Te seguirán ayudando a ser exitoso en el futuro estas actitudes o comportamientos, o tendrás que cambiar de repertorio? ¿Hay algún rasgo propio de los pingüinos que te convendría aprender?

- ¿Hay algún puesto de trabajo o área de trabajo para la cual los pingüinos estén especialmente cualificados? En todas las empresas se necesita algo de tradición, memoria institucional y atención al detalle. Coloca a los pingüinos en aquellos puestos de trabajo en los que puedan hacer lo que mejor saben hacer. Aprovecha sus capacidades para que contribuyan al éxito de la empresa.

Todos tenemos un pedacito de pingüino dentro de nosotros

La alegoría del pingüino que utilizamos en nuestro cuento se refiere a todo aquel que es estrecho de mente, tradicional, enemigo del riesgo, conservador, contrario a las nuevas ideas o a las perspectivas diferentes y adicto a su habitual manera de trabajar. Los pingüinos pueden ser o no ser directivos o ejecutivos, están en todos los niveles de la organización. Recuerda que ser «pingüino» es una mentalidad, una actitud, una manera característica de ver el mundo.

Si nos fijamos atenta y honestamente veremos que todos tenemos un pedacito de pingüino en nosotros, aunque nos cueste admitirlo. Es muy probable que hasta el pavo real más ejemplar tenga algo de pingüino en su interior. Muchos de nosotros somos conservadores y estrechos de mente en algún aspecto de nuestra vida. Somos criaturas de costumbres y tenemos rutinas que no queremos cambiar.

- «Siempre hago este camino para ir al trabajo».
- «Siempre me siento aquí en las reuniones de trabajo».
- «El inicio del rollo de papel higiénico tiene que estar siempre por encima del rollo y no por debajo».
- «Los vasos en el armario de la cocina han de ir siempre boca abajo. Todo el mundo lo sabe».

124

Cuac, cuac, cuac. Así es cómo nos resistimos a cambiar las cosas. Realmente, todos tenemos algo de pingüino en nuestro interior.

No hay nada de malo en ello, es normal. Lo importante es que reconozcamos estas tendencias propias de los pingüinos cuando aparecen para que no nos controlen. Es importante que seamos conscientes para poder deshacernos de ellas cuando no nos sean útiles, cuando no nos dejen asumir riesgos e intentar cosas nuevas, por ejemplo. (Considera la opción de pedirle a alguien de confianza que te diga cuando estás actuando de esta manera).

Ante todo tienes que evitar que tus tendencias de pingüino crezcan en ti y se apoderen de tu personalidad, porque si te conviertes en un pingüino total tendrás un grave problema.

¿Cómo saber si te estás convirtiendo en un pingüino? Escucha cómo hablas, revisa la lista titulada **Reconoce el lenguaje de los pingüinos** de la siguiente sección y mira si sueles decir esas cosas. Presta atención a cómo respondes a otras personas que tienen opiniones diferentes a las tuyas:

- ¿Te pones a la defensiva?

- ¿Te resistes automáticamente a las ideas que no encajan con la forma que te gusta a ti de hacer las cosas?

- ¿Te molestan los cambios que no controlas?

- ¿Continúas haciendo las cosas a *tu* manera aunque alguien te haya enseñado otra manera mejor?

Si respondes «sí» a más de una de estas preguntas, es porque eres más pingüino de lo que parece. Después de todo, si grazna como un pingüino, anda como un pingüino, actúa como un pingüino... ¡debe ser un pingüino!

Enseñando a volar a los pingüinos

Cómo saber si trabajas en el Reino de los Pingüinos . . .

- El proceso de toma de decisiones da prioridad a la tradición y al control («esto no se ha hecho nunca» o «esto va en contra de la política de la empresa»), en lugar de a la creatividad, a la toma de riesgos, a la flexibilidad y a la innovación («parece una buena idea, vamos a probarlo»).

- Se da demasiada importancia a la «cadena de mando» y a «no mover la barca». La lealtad al jefe (y a otras personas poderosas) se valora más que la lealtad a la empresa o al cliente.

- Las discusiones se caracterizan por el pensamiento grupal; hay poco desacuerdo y debate. Se evita claramente la confrontación y oponerse a la tradición y al orden establecido.

- Es extremadamente importante adherirse públicamente a la «política de la empresa» y ser discreto en todas las conversaciones. Tienes que ser muy cuidadoso a la hora de confiar tus opiniones a alguien y *nunca* decir «¡El Emperador va desnudo!».

- El «estreñimiento organizacional» hace que *todo* avance muy despacio. Hay un exceso de burocracia: cualquier decisión, proyecto nuevo, resolución de problemas de los clientes, o la compra de cualquier cosa, ha de ser aprobada por varias personas antes de hacerse realidad.

- Se cae en la parálisis por análisis, hay demasiados comités dedicados a estudiar los temas pero no tienen autoridad para tomar decisiones. No se arriesga.

- La empresa tiene la tendencia a añadir *más* capas de gestión en lugar de eliminarlas. Se crean puestos especiales dentro de la estructura para ciertos individuos que son «protegidos» o favorecidos por personas poderosas dentro de la organización. Los empleados «prometedores y acelerados» son simplemente versiones más jóvenes de aquellos que ya tienen poder.

- La gente se refiere al «amiguismo» en las relaciones laborales como la manera de hacer las cosas y de promocionar dentro de la empresa. Las promociones y las asignaciones están basadas más en a quién conoces y en ser uno de los «elegidos» que en las capacidades y habilidades.

- A los nuevos se les anima a adaptarse y conformarse. Se valora más la forma que el contenido. Es más importante que tu estilo encaje bien que los resultados. No encajar tiene consecuencias graves para la carrera.

- Parece como si los altos ejecutivos fueran todos al mismo sastre y al mismo barbero. Es evidente que todos tienen una manera de pensar, de comportarse y de vestir muy conservadora.

- La parafernalia que marca la jerarquía y el poder es visible y prominente, por ejemplo, en los comedores de los directivos, en sus coches, en sus aseos, etc. Se concede demasiada importancia al rango y a la posición jerárquica dentro de la empresa.

- Pocas mujeres y minorías étnicas ocupan puestos de liderazgo. Los que lo consiguen suelen ser los pingüinos más acérrimos para demostrar su lealtad al orden establecido.

Reconoce el lenguaje de los pingüinos: Algunas frases típicas

- «Así no es cómo solemos hacer aquí las cosas».
- «Siempre lo hemos hecho así».
- «Si no está roto, no lo toques».

- «Cállate. Da gracias de tener un trabajo».
- «Esto no puede pasar aquí».
- «No se puede hacer».
- «La alta dirección nunca lo aceptará».
- «No violes la cadena de mando».
- «No muevas la barca».
- «El jefe no quiere malas noticias».
- «Vamos a ser cautelosos con esto…».
- «La gente pensará que estás loco si sugieres eso».
- «No es tu responsabilidad. Deja estas cosas para _____ (otro departamento)».
- «Estamos en modo reducir costes. No es buen momento para intentar algo nuevo y arriesgado».
- «Cúbrete las espaldas».
- «Es como *yo* digo o nada».

¿A quién le importa la diversidad? … y ¿por qué?

Tras 25 años trabajando con pingüinos y con pavos reales, hemos descubierto que las empresas están interesadas en la diversidad por tres razones principales:

1. Cumplimiento
En sus inicios hace ahora treinta y pico años, el movimiento de la diversidad era considerado principalmente como un asunto de imagen y de cumplir con la ley. La discriminación contra los empleados, los vendedores y/o los clientes era ilegal y las organizaciones se dieron cuenta de que incumplir la ley les

costaba grandes sumas de dinero en multas y honorarios de abogados. La diversidad era considerada un tema legal cuyo objetivo era no meterse en líos. Se hicieron talleres sobre la discriminación dirigidos por profesionales o abogados.

2. Relaciones con los clientes

Las empresas y organizaciones inteligentes saben que la diversidad no es un mero trámite para cumplir las normas; es también un tema de servicio al cliente. A medida que iba cambiando la demografía del mercado, las empresas veían que su población de empleados no reflejaba la diversidad racial, étnica, de edad y de género de las personas que querían atraer como clientes. Los líderes inteligentes saben que los clientes prefieren trabajar con empresas que les comprendan, por eso si no se encuentran con vendedores o empleados del servicio al cliente con los que puedan entenderse, seguramente buscarán otras empresas con las que se sientan más a gusto. Las empresas saben que «solo lo semejante puede entender lo semejante» y hacen todo lo posible para que la diversidad de sus clientes coincida con la diversidad de sus empleados.

3. Creatividad

Las empresas y organizaciones que destacan saben que la diversidad además de ser un tema de cumplimiento y de clientes, también es *creatividad*. Si tienes un equipo de empleados diversos y les implicas en la creación de nuevos productos y servicios, así como también de nuevos mercados, obtendrás más y mejores ideas. La diversidad es una cuestión de innovación y la innovación hará que tu empresa prospere. La diversidad no es un tema legal, es un tema de *buenas prácticas de gestión*.

Estos son los tres paradigmas de la diversidad: cumplimiento, relaciones con el cliente y creatividad. Todas ellas tienen que ver con el DINERO: no cumplir las *normas* te *costará* dinero, atraer y servir a *clientes* diversos te hará *ganar* dinero y aprovechar la *creatividad* de la diversidad también te hará ganar dinero.

Por eso, «¿a quién le importa la diversidad?... y ¿por qué?». Las grandes y pequeñas empresas trabajan para ganar dinero. Aprovechar la creatividad de la diversidad les ayudará lograrlo. Relacionarse de una manera más eficiente con todo tipo de clientes, manteniéndose al mismo tiempo lejos de cualquier ilegalidad, también les ayudará a generar más ingresos.

Las organizaciones sin ánimo de lucro intentan evitar problemas legales, relacionarse bien con sus partes interesadas y ser creativas desarrollando proyectos y programas nuevos. También se interesan por la diversidad movidos por la motivación más antigua del mundo: la motivación financiera. Cualquier empresa que quiera ser exitosa se preocupa por la diversidad.

La diversidad incluye a *todos*

Hace varios años organicé unos talleres sobre la diversidad
para los hospitales de la Administración de Salud de Veteranos
en el estado de Ohio. Una mañana en Chillicothe, un hombre
blanco de mediana edad con una gorra de béisbol de estilo mi-
litar llegó al taller, se sentó en la última fila, se cruzó de brazos
y así se quedó durante tres horas. No dijo ni una palabra, pero
no hacía falta porque su postura corporal ya lo decía todo:
simplemente no quería estar allí.

A mitad de sesión me di cuenta de que había descruzado
los brazos para servirse un café. Y después de eso, empezó a
tomar notas.

Cuando terminó la sesión se acercó a hablar conmigo.
Mientras me daba la mano se presentó diciéndome: «Me llamo
Bob y quiero que sepas que soy un hombre muy conservador».

«Ya me he dado cuenta», le contesté con un apretón de
manos.

«Lo que menos me apetecía en el mundo era asistir a un
taller sobre la diversidad», continuó diciendo. «He intentado a
toda costa no asistir, pero al final mi jefe me ha obligado».

«Entiendo. Es un sentimiento muy común, sobre todo
entre hombres blancos que suelen pensar que el tema de la
diversidad no les atañe y que solo afecta a hombres y mujeres
de color».

«Exacto», confirmó. «Pero lo peor es que tengo la sensación de que siempre nos ven como los chicos malos. Nos
acusan, por el hecho de ser blancos, de todos los problemas de
discriminación o acoso que ocurren en el trabajo».

«Te entiendo», le dije.

«Sólo quería que supieras que a media sesión has hecho
que empezara a tomar notas. Todo eso que has contado sobre
el pavo real y los pingüinos… Ya lo he entendido. Tus aves me
han ayudado a ver que la diversidad no es un tema de raza y

género únicamente, sino de todo tipo de diferencias: personalidad, estilo de trabajo, valores, educación, profesión, etc. Está claro que ni siquiera los hombres blancos somos todos iguales. Algunos somos pingüinos, pero también hay que son pavos reales, halcones, búhos, palomas, albatros, gaviotas, todo tipo de aves. Me gustaría darte las gracias porque ahora entiendo el tema de la diversidad y me doy cuenta de que TAMBIÉN me incluye a mí».

Le di las gracias a Bob por compartir conmigo lo que pensaba. No tenía que hacerlo, pero el hecho de que lo hiciera me hizo pensar que había sido una experiencia muy buena para él. Una simple alegoría de unas aves le había incitado a cuestionarse sus arraigadas creencias.

Los comentarios de Bob fueron muy útiles para mí como también debieron serlo para él, porque a partir de ese momento cada día antes del taller durante el resto de la semana me traía un café. ¡Había hecho un amigo para toda la vida!

El gurú del liderazgo, Warren Bennis, escribió que «La belleza de una alegoría reside en *su capacidad para transmitir ideas significativas*, más allá de su información literal». Es cierto. El pavo real y los pingüinos, y todas las demás aves, transmiten poderosos mensajes de una manera diferente, lo que facilita la asimilación de ideas abstractas o complejas.

La diversidad no trata únicamente de la raza, el género, la edad, la religión, la orientación sexual y la habilidad física que son los tipos de diversidad que normalmente protegen las leyes. Los seres humanos somos diversos por muchas otras cosas: clase social, educación, valores, opiniones políticas, optimista/pesimista, creativo/analítico, etc. Hay todo un abanico de *diversidad invisible* que es mucho más rico, amplio y profundo que la *diversidad visible* que se aprecia a simple vista.

La moraleja de esta historia es: *No juzgues a un ave por sus plumas*. Dedica tiempo a conocer «aves de plumaje diferente» y te sorprenderás.

Consejos para los pingüinos que deciden cambiar

- Examina tus propios prejuicios y actitudes: reconócelos honestamente y mantente consciente de ellos. La toma de conciencia es el primer paso hacia el cambio.

- Practica el pensamiento divergente: hay muchos caminos hacia el éxito y muchas maneras diferentes de hacer las cosas y conseguir resultados. Tu manera no es más que una de tantas. Aplaude la innovación, la creatividad y el ingenio de los demás.

- Intenta separar el estilo de la sustancia. No te obsesiones por las diferencias entre tu estilo y el de los demás. Concéntrate en la sustancia, en los objetivos compartidos y en los resultados.

- Sal de tu zona de confort a conocer a gente diferente. Invita a aves exóticas a comer o a otros eventos empresariales/sociales.

- Intenta ser un modelo para otros pingüinos. La gente se fija más en lo que *haces* que en lo que *dices*. Incorpora aves exóticas en tus interacciones y actividades diarias. Considera la opción de ser mentor de aves exóticas, permitiéndoles ser ellas mismas.

Consejos para los pingüinos ilustrados que quieren transformar sus empresas

- Reconoce que el mundo está cambiando y que el futuro va a ser muy diferente del pasado. Las soluciones del pasado pueden volverse obsoletas y el futuro requiere ideas y perspectivas nuevas.

- Crea oportunidades para que las aves exóticas aporten sus talentos e ideas: equipos de proyecto, grupos de trabajo, proyectos especiales.

- Analiza constantemente los procesos, políticas y procedimientos laborales. No supongas que aquello que te ha funcionado hasta ahora, seguirá haciéndolo indefinidamente. Cualquier producto, servicio o proceso puede quedar obsoleto de la noche a la mañana y tu empresa quedarse atrás. Vigila y evalúa continuamente.

- Ofrece procesos y personas para que ayuden a TODO tipo de aves a superar sus miedos sobre el cambio y el futuro de la empresa. Crea un ambiente seguro para hablar sobre sus miedos, ansiedades, esperanzas y aspiraciones.

- Celebra todos los éxitos individuales y empresariales, por pequeños que sean. El cambio es complicado e incómodo. Reconoce y recompensa cualquier progreso y mantén tu compromiso con la innovación y las nuevas maneras de pensar.

Prevenir la parálisis
de los pingüinos

- Intenta organizar reuniones en las que los participantes estén de pie en lugar de sentados. Esta técnica sirve para acelerar las discusiones y la toma de decisiones, porque si todos están de pie la reunión no se alarga demasiado.

- Prueba todo tipo de experimentos. Los experimentos son globos sonda, ensayos a corto plazo, proyectos piloto, etc. Fomentan la innovación y la toma de riesgos razonables, sin comprometerse del todo con una nueva idea. Presupuesta los experimentos como un gasto regular de la empresa. Acepta el hecho de que la mayoría de los experimentos fracasarán; que el fracaso forma parte del precio a pagar por la innovación.

- La oportunidad lo es todo. Dedica tiempo a la lluvia de ideas y a la discusión, pero también marca fechas concretas para la toma de decisiones, No esperes a tener todos los datos, por más que lo intentes, nunca tendrás todos los datos que desearías. Aprende a decir cuándo es el momento de salir con lo que tienes.

- Contrata personas creativas y déjalas que innoven, aunque sacuda el orden establecido. Si no confías en su juicio, no las contrates.

- Si todavía no lo has hecho, simplifica tu organización y elimina capas en el proceso de aprobación de nuevas ideas.

El cuidado y la alimentación de los pavos reales: un guía para los pingüinos

Peter Drucker, el consultor empresarial más respetado del mundo, dijo que todas las empresas necesitan dos tipos de personas: los *burócratas* y los *lunáticos*. Los burócratas hacen que el sistema funcione de una manera ordenada, mientras que los lunáticos desafían el sistema con innovación e ideas nuevas.

Nosotros los llamamos pingüinos y pavos reales. Necesitamos pingüinos por ser conservadores para mantener la tradición, crear una memoria institucional y evitar caer en los errores del pasado, así como para ofrecer algo de estabilidad frente a los constantes cambios. Los pingüinos garantizan que todas las íes tengan su punto y que todas las tes tengan su cruz.

Al mismo tiempo, necesitamos pavos reales para ofrecer algo de creatividad y nuevas maneras de pensar. La innovación y los avances casi nunca provienen de los pingüinos, vienen de los pavos reales, de los marginados, de los que están fuera de la corriente. Los pavos reales y otras aves exóticas son los que ven las cosas desde una perspectiva diferente, los que están siempre buscando un ángulo nuevo y los que están lejos de las normas de la tradición y predictibilidad.

El desafío para un pingüino es el siguiente: darse cuenta de que esa extraña ave de su departamento u organización que tanto le irrita es probablemente la que más necesita. Esa ave chiflada es la que va a estar siempre poniendo en duda aquello que se da por cierto en la empresa y la que seguramente dará con extraños proyectos y esquemas. Pero esa ave chiflada también es la que más probabilidades tiene de dar con la próxima idea millonaria. La pregunta es: ¿has estado abrazando últimamente a tus pavos reales? ¿Cómo has de alimentar y cuidar a estas aves, en ocasiones molestas, para que contribuyan con su genialidad al éxito de la empresa? Aquí tienes algunas sugerencias:

- Tanto los pavos reales como las otras aves exóticas necesitan mucha libertad. No las frustres con demasiada burocracia y control, porque o se volverán locas o se marcharán. Crea un ambiente de trabajo que les permita tener autonomía y flexibilidad. Déjalas libres para que hagan lo que mejor saben hacer.

- Enfócate en las aportaciones de los pavos reales y aprende a ignorar o pasar por alto sus excentricidades. Como dijo un director: «Tienes que hacer concesiones a los genios». Sé flexible y aprende a tolerar su comportamiento fuera de lo normal. Lo que importa es el resultado, así que mientras den resultados, no te preocupes por los pequeños detalles.

- Haz que tus pavos reales sepan lo mucho que los valoras. Suelen necesitar mucho reconocimiento y aprecio. Deja que desplieguen su cola a menudo y te muestren su brillo y su color.

- Crea un ambiente de trabajo en el que puedan prosperar todo tipo de aves: pavos reales, búhos, patos, ocas, halcones y demás. Muestra tu aprecio hacia ellas y por sus contribuciones. Aprovecha sus capacidades únicas. No intentes convertir a un tipo de ave en otro. Permíteles ser ellas mismas y hazles saber que se valoran como individuos únicos.

- Ofrece formación en equipo para que todos sepan cómo trabajar de una manera eficiente en común siendo todos diferentes. Tendemos a creer que nuestro estilo de trabajo es el mejor y solemos criticar el de los que son diferentes a nosotros. La formación continuada y las conversaciones frecuentes sobre el valor de las diferencias les ayudará a entender cuán aburrido sería el mundo si todos fuésemos iguales. *¡Viva la diferencia!*

La historia detrás de la historia

«¿Cómo diste con la alegoría de tu cuento?», me preguntan muchas veces. *Un pavo real en el Reino de los Pingüinos* es una historia tan perfecta. «¿Cómo se te ocurrió?»

La respuesta es muy simple: Yo misma lo viví. A finales de los ochenta y principios de los noventa trabajaba en un periódico metropolitano importante. Teníamos reuniones regularmente para revisar las tiradas, evaluar los ingresos de publicidad y planificar nuevos objetivos. Eran reuniones siempre iguales: el presidente junto con el vicepresidente y los directores se sentaban en la primera fila de un elegante auditorio y el editor empezaba presentando a cada uno de ellos. Uno a uno se iba levantando y se daban la vuelta para mirar a los 200 directivos medios que estaban sentados en los asientos posteriores. Todos llevaban traje oscuro, camisa blanca y corbata; casi todos tenían la misma altura, excepto uno dos que eran más altos; y todos eran hombres excepto una mujer (el único pingüino femenino que también llevaba traje oscuro y perlas). Por su aspecto parecía que todos fueran al mismo barbero y al mismo sastre.

Una mañana estaba sentada en una de estas reuniones y observaba a mis compañeros cómo se iban levantado uno detrás de otro. «¡Eh!», pensé, «Todos parecen pingüinos». Entonces me miré. Llevaba uno de mis conjuntos favoritos: llamativo y atrevido, con estampado de flores, a media pantorrilla y con un poco de volumen en la parte inferior. «¿Qué hay de malo en mi manera de vestir?», me pregunté. «¡Parezco un pavo real en medio de todos estos pingüinos!». Me sacudí la cabeza, preguntándome cómo había podido acabar así.

Así es cómo nació esta alegoría. Con el tiempo me di cuenta de que había otros empleados que también estaban en una situación similar; la alegoría de los pájaros también se aplicaba a ellos. Elena, el halcón, era una amiga a la que siempre criticaban los jefes por ser demasiado agresiva. Miguel, el ruiseñor, tenía un talento increíble y siempre tenía nuevas y brillantes ideas. Casi siempre traspasaba sin querer los límites funcionales cuando intentaba implementar sus ideas creativas. Eduardo, el águila, era un chico de pueblo muy inteligente pero que no tenía la pulida educación de los pingüinos. Le hacían saber de manera sutil y a veces no tan sutilmente, que no tenía suficiente clase para ascender en la jerarquía de la empresa. Sara, el cisne, era una soñadora, dulce, con muy buenas ideas, pero los pingüinos pensaban de ella que no tocaba con los pies en el suelo. Todos estos personajes no eran ficticios. Eran personas reales, todas ellas luchando contra el mismo problema: intentar prosperar en una cultura corporativa que no valoraba la creatividad, la innovación y la toma de riesgos.

Se trataba de una empresa tremendamente conservadora con unas normas bien definidas sobre «la manera de trabajar aquí». Nosotros, que éramos aves exóticas, no teníamos ni la más remota posibilidad de ser aceptados por los pingüinos. Con el tiempo, todos llegamos a la misma conclusión y uno por uno nos fuimos marchando en busca de nuestro Reino de las Oportunidades.

Todos mis amigos aves exóticas siguen trabajando en periódicos hoy día, pero en otros que valoran sus estilos únicos y su creatividad. Yo soy la única que dejé el periódico y me dediqué a escribir libros. Empecé escribiendo este libro sobre mi experiencia y continué con una segunda parte titulada *Encasillado en el Reino de los Pingüinos*, y la continuación *Plumas erizadas en el Reino de los Pingüinos*. Warren Schmidt ha colaborado conmigo de una manera extraordinaria en todos estos libros sobre aves. De nuestros libros se han hecho adaptaciones animadas en vídeo, herramientas de análisis, material de formación, seminarios y talleres de trabajo. Tanto los pingüinos como los pavos reales se han convertido en una industria en sí mismos.

El aspecto más gratificante probablemente haya sido la respuesta que hemos recibido de nuestros lectores, no tan solo de Norteamérica, sino de todo el mundo. Recibimos mensajes de gente que trabaja en todo tipo de empresas, grandes y pequeñas, empresas y organizaciones sin ánimo de lucro, departamentos de policía y de bomberos, escuelas, hospitales, universidades, empresas Fortune 500, y muchas más. Y todas nos dicen esencialmente lo mismo: «Gracias por contar mi historia. Así es como me siento trabajando en mi empresa. Tu libro me ha hecho ver que no estoy solo. Espero encontrar un día mi propio Reino de las Oportunidades».

También recibimos mensajes de Latinoamérica: de Méjico, El Salvador, Colombia, Brasil, Panamá y otros países latinoamericanos.

• Algunos dicen: «Dios os bendiga por escribir este libro».

• Una mujer nos escribió: «Gracias. Me habéis ayudado a superar unos días en una organización muy difícil. Los pingüinos estaba aplastando mi espíritu».

• «Vuestro libro me ha enseñado a entender mejor a la gente y a ser mejor directora de todos los tipos de 'aves' que trabajan para mí», escribió otra persona.

Cartas como estas son la *verdadera* recompensa de escribir libros. Warren y yo coincidimos en que tener un impacto positivo en la vida de las personas es lo mejor que nos puede pasar.

El legado de Pedro el pavo real

¿Qué efecto han tenido Pedro, el pavo real, y sus coloridos amigos en las personas y empresas que han leído el libro? ¿Están las empresas cambiando su manera de trabajar hacia un estilo diferente al de los pingüinos? ¿Está perdiendo fuerza la burocracia frente a la iniciativa e innovación de los empleados? ¿Consideran las aves de diferentes especies que las empresas tienen más en cuenta la diversidad de opiniones y la innovación?

Durante los últimos 20 años, hemos visto cómo diferentes empresas utilizaban los consejos de *Un pavo real en el Reino de los Pingüinos* de diferentes maneras:

- Orientación para los nuevos empleados
- Formación sobre el trabajo en equipo
- Capacitación en gestión y liderazgo
- Retiros de planificación estratégica
- Proyectos de divulgación comunitaria
- Seminarios sobre la diversidad
- Formación basada en Internet

Los pingüinos, tanto de empresas grandes como pequeñas, están «aprendiendo a volar»…, están quitándose su traje de pingüino y aprendiendo nuevos comportamientos.

- Para algunos pingüinos, aprender a volar significa abandonar su zona de confort y dedicar tiempo a estar con gente muy diferente a ellos.

- Para otros, aprender a volar significa decir Sí a nuevas ideas que en el pasado habría sido un *No rotundo*.

- Y para otros, aprender a volar, significa trabajar de una manera más efectiva en equipo, escuchando y aprendiendo de aquellos que tal vez tengan ideas muy diferentes.

Para todos estos pingüinos, aprender a volar requiere valentía y humildad para admitir que las respuestas probadas y verdaderas del pasado pueden que ya no sean apropiadas. Aprender a volar implica sentirse extraño de vez en cuando, y los pingüinos son buenos deportistas para superar la torpeza que supone aprender nuevos comportamientos. Se les tiene que aplaudir por su buena disposición al cambio y a probar cosas nuevas.

Pavos reales y niños

Cuando me preguntan qué tipo de libros escribo, siempre les digo que escribo «libros de niños para adultos». Y si me miran con cara de sorpresa les explico que son algo así como el libro *El Dr. Seuss conoce al ejecutivo al minuto*. Y generalmente se ponen a reír.

Pero con los años algunos lectores me han dicho que han utilizado el cuento del pavo real también con niños. Un email que recibí de Bill Bradley, un consultor empresarial de Oregón, decía así:

> Hola BJ,
>
> Estoy seguro de que te gustará esto. A mi nieto Kyle de 10 años le habían puesto como deberes leer un libro. Tenía que escoger un libro que pudiera tener una influencia positiva en su vida y escogió *Un pavo real en el Reino de los Pingüinos*. En el resumen escrito que entregó decía (estoy hablando de memoria) que se sentía inseguro sobre muchas cosas, pero en especial sobre su vida después de la escuela. Después de leer el libro se dio cuenta de que muchos de sus miedos son sobre cosas que todavía no conoce y que estando centrado y trabajando duro cualquiera puede prosperar en lo que sea que decida hacer. Decía que ya no tenía miedo de su vida después de la escuela y está dispuesto a enfrentar el reto.

Es un niño que no habla mucho, y menos aún de la escuela. El que haya hablado conmigo durante varios minutos sobre tu libro es algo sorprendente. De hecho, es la conversación más larga que he tenido con él. Sinceramente, creo que nunca más tendrá este tipo de dudas y que llevará consigo las lecciones de tu libro durante mucho tiempo. De parte de los dos, muchísimas gracias. Bill.

El año pasado, una mujer que se llama Carol me escribió por Facebook para decirme cuánto le había gustado el libro. Me dijo que tenía un hijo que era algo diferente a los demás chicos (aunque no me explicaba cuál era la diferencia, simplemente decía que era «diferente»). Me explicó que cada septiembre, cuando su hijo empezaba un curso nuevo en la escuela, ella compraba una copia del libro y se la entregaba a su profesor. Quería que el profesor entendiera que su hijo no era un pingüino, sino un ave única que tenía sus propios talentos, capacidades y habilidades. Quería asegurarse de que el profesor de su hijo lo entendiera y no le obligara a ser como los demás chicos, que le permitiera ser él mismo y le aceptara tal como era.

No puedo saber cuántos otros lectores han compartido el libro con sus hijos, nietos, u otros jóvenes, pero me enternece recibir este tipo de feedback. Todas las aves jóvenes del mundo necesitan saber que pueden ser de la especie que quieran ser mientras aprenden a volar alto y a mostrar sus verdaderos colores.

Tercera parte

**Parábola especial adicional:
¡Los pingüinos se han comido tu queso!**

Los pingüinos tenían problemas y lo sabían.

Durante muchos años, habían gobernado en el Reino
    de los Pingüinos con una autoridad incuestionable.
Habían construido una gran empresa
    que crecía y prosperaba
    en el Mar de las Organizaciones.
Los pingüinos eran considerados ejemplos del éxito y,
    durante mucho tiempo,
        su mundo fue ordenado,
        previsible y seguro.

Pero llegó un momento en que las cosas empezaron a
cambiar en el Reino de los Pingüinos…
La tecnología cambió
   y empezó a ofrecer auténticas herramientas
      para incrementar la productividad
   y la eficiencia.
   El Reino de los Pingüinos podía hacer más
      con menos y se necesitaban menos aves
      para hacer el trabajo.
Los cambios demográficos llenaron los puestos de
   trabajo con aves de otras especies.
Llegaron nuevas generaciones de aves
   pero, de alguna manera, no eran como las antiguas.
   Tenían valores,
      actitudes y creencias diferentes
      y poco respeto a la autoridad.
También, de otras tierras, llegaron nuevas
   aves exóticas en busca de nuevas
      oportunidades de trabajar y competir.
Todas estas aves nuevas aportaron nueva energía
   y vitalidad al Reino de los Pingüinos,
      pero también cambios importantes.

Algunos de los pingüinos de más edad no estaban demasiado contentos, porque sentían que sus talentos
y habilidades ya no eran valorados
y les preocupaba volverse obsoletos.
No se sentían respetados por las aves jóvenes
e incluso algunas de ellas acabaron
siendo sus jefes.
Una convulsión enorme para
una generación de pingüinos
acostumbrada a controlarlo todo.
Estas olas de cambios tecnológicos y demográficos
fueron agravadas por fuertes vientos
que provocaron cambios políticos, económicos
y sociales en el Reino de los Pingüinos.
El Mar de las Organizaciones se volvió cada vez más
turbulento y por primera vez en décadas los
pingüinos empezaron a temer por su futuro.
Cuando contemplaban la preocupante situación,
parecía que los vientos y las olas del cambio
fueran a anegar su orgullosa tierra.

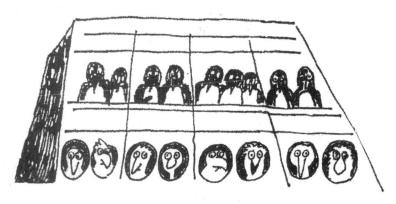

Los pingüinos más importantes (los VIP)
se reunían continuamente
    para decidir qué hacer.
Nunca en su vida
había experimentado amenazas
    tan severas contra su bienestar.
Mientras los analistas analizaban
    y los expertos opinaban,
        los responsables de los resultados financieros
        sabían que algo tenían que hacer.
«Las situaciones desesperadas requieren medidas
    desesperadas», decían.
    «Tenemos que hacer recortes.
        Si no nos deshacemos de algunos
        de nuestros trabajadores
            no conseguiremos mantenernos a flote».
Entonces, reunieron a una parte de su bandada,
    la agruparon sobre témpanos de hielo
        y la dejaron ir.
A estas aves se las dejó a la deriva,
    abandonadas a su suerte, para hundirse o
    nadar por sí mismas.

D́ía tras día,
  semana tras semana,
  mes tras mes,
    cada vez más aves
    corrían la misma suerte.

«No es nada personal»
  —les decían sus jefes.
«Solo negocios».

Pero para las aves que estaban a la deriva
    sobre témpanos de hielo, era *muy* personal.

«¿Qué hemos hecho para merecer esto?»
  —se preguntaban.
«¿A dónde vamos a ir a parar?».

Se sentían traicionadas.
  Después de haber seguido las reglas
  del éxito durante tantos años
    de pronto veían que
    las reglas habían cambiado.

«No es justo» —se quejaban.
«Siempre he sido fiel al Reino de los Pingüinos,
  pero ahora nos expulsan sin piedad.
Ya no soy joven.
  ¿Cómo voy a encontrar otro trabajo?».

Muchas de ellas quedaron a la deriva
  en el Estrecho de los Apuros.

Pero no solamente las aves adultas eran infelices;
también muchas jóvenes fueron expulsadas
y se sentían frustradas.

«He gastado mucho dinero en mi educación
y ahora que acabo la universidad
veo que no hay sitio para mí en
el Reino de los Pingüinos.
Tengo todos estos préstamos estudiantiles
y no sé cómo los voy a devolver».

Tanto las aves mayores como las jóvenes
estaban frustradas, asustadas, decepcionadas
y desesperadas.
Estaban enfadadas
por haber hecho siempre lo correcto
y que ahora nadie lo tuviera en cuenta.

Era como si el Juego de la Vida se hubiera puesto patas
arriba y el libro de instrucciones ya no sirviera.
Todos los jugadores tenían que regresar a la primera
casilla y reinventar el juego desde el principio.

Estaban confundidas y enojadas,
atacaban a los pingüinos
y les acusaban de no preocuparse más
que por el dinero.

Algunas aves se quejaron del gobierno
diciendo que tendría que ayudarles más,
mientras que otras afirmaban que el gobierno
había causado el problema.

Incluso se enfrentaron entre sí, como a veces hacen
las aves en momentos de dolor.
Su frustración y enojo se desbordaban.
Como no sabían a quién culpar,
atacaban a cualquiera que pudieran.
No era lo mejor que podían hacer,
pero es comprensible que lo hicieran.

La única cosa en la que todas las aves estaban
de acuerdo era que algo horrible había pasado
en el Reino de los Pingüinos
y temían que nunca volviera a recomponerse.
Estaban desoladas y destrozadas por la situación
en la que se encontraban.
A veces tenían la sensación de que iban a morir estando
a la deriva y solas en el Estrecho de los Apuros.

Mientras tanto,
las cosas tampoco eran tan maravillosas
en el Reino de los Pingüinos.
A pesar de los recortes
y de otras medidas que habían tomado,
no todo iba viento en popa.

Las aves trabajadoras estaban estresadas y ansiosas
porque cada vez eran menos y tenían más trabajo.
Estaban agradecidas por tener un empleo,
pero vivían con el miedo
de ser las siguientes despedidas.
Ya no les subían el sueldo o se lo subían muy poco y
les costaba cada vez más mantenerse.

Los pingüinos a los que de por sí nunca les había gustado
el riesgo, empezaron a odiarlo aún más y no probaban
nada nuevo por miedo a cometer un error fatal.

Pero a pesar del pesimismo en el Reino de los Pingüinos,
   un puñado pingüinos prosperaban:
      aquellos a los que el gobierno les había lanzado
      un salvavidas porque eran
         «demasiado grandes para dejar que quiebren»,
   y ese salvavidas los mantuvo a flote
   durante lo peor de la tormenta
         permitiéndoles sobrevivir... y ahora prosperar.

El hecho de que se salvara a los pingüinos más poderosos
   mientras que a los demás se los abandonaba a su suerte,
   era manifiestamente injusto; y todo el mundo lo sabía.
La creciente desigualdad entre los pingüinos poderosos
   y todas las demás aves alimentó
      un malestar cada vez mayor en su reino.

Estos fueron los mejores tiempos
   para los pingüinos poderosos,
      pero los peores para todos los demás.
Aquellos que se quedaron sin trabajo, sin dinero
   y sin ninguna esperanza tenían miedo,
      estaban a la deriva en el Estrecho de los Apuros;
         y muchos de los que aún tenía trabajo y dinero
         estaban preocupados porque temían acabar igual.

El Reino de los Pingüinos ya había pasado
por momentos difíciles, pero ninguno
tan malo como el de la Gran Crisis.

Muchas aves eran demasiado jóvenes para recordar
aquella horrible situación;
solo los pingüinos más ancianos recordaban
los millones de aves que lo habían perdido todo,
incluso algunas que habían perdido
su vida presas de la desesperación.

Nadie quería que se repitiera la Gran Crisis.
Habría sido *algo más que terrible.*

En el Reino de los Pingüinos todas las aves
estaban preocupadas y se preguntaban qué hacer.
Y en el Estrecho de los Apuros, las aves a la deriva
también estaban preocupadas y se preguntaban
lo mismo.

Se quejaban y se preguntaban en voz alta
cuánto tiempo más podrían sobrevivir.

Compartían entre ellas sus opiniones,
esperando que alguien diera con una buena idea
sobre cómo cambiar su terrible situación.

Una noche,
mientras las aves se disponían a ver
la CNA, el Canal de Noticias para Aves,
se quedaron sorprendidas al ver a alguien
que reconocieron:
era Pedro, el pavo real, que había dejado
el Reino de los Pingüinos 20 años atrás.

«¡Mirad esto!» —exclamó una de ellas.

«Recuerdo cuando los pingüinos lo expulsaron.
Era un ave muy interesante y colorida
y aportaba mucho talento a su trabajo,
pero los pingüinos son como son,
y a algunos de ellos no les gustaba su estilo.
Siempre me pregunté qué habría sido de él».

«¡Silencio!» —gritaron las otras aves.

«Si os calláis y podemos oír las noticias,
tal vez lo averiguamos».

Las aves se inclinaron hacia delante
atentas para saber de la vida del pavo real.

La cacatúa Anderson le estaba entrevistando:
«Cuéntanos sobre este nuevo libro
    que acabas de publicar Pedro».

Pedro movió la cabeza y sonrió:
«Lo haré encantado, Anderson.
    Se titula *¿Quién ha cortado el queso?*
        Qué hacer cuando el cambio lo lía todo».

Anderson se sobresaltó y a continuación empezó a reír.
«Ja, ja, ja... Madre mía... Ja, ja, ja...
    ¡qué gracioso!».

Pedro empezó también a reír.

«Hace unos años Spencer Pelícano escribió un libro
    que se titulaba *¿Quién se ha llevado mi queso?*»
        —explicó Pedro.
«Hablaba del cambio
    y de cómo reaccionamos ante él.
Era un libro muy optimista y positivo».

«Pero lo cierto es que el cambio a menudo
    causa rechazo, especialmente cuando no puedes
    controlar nada: la economía,
        la externalización, el mercado de valores,
        los precios de la vivienda,
        el valor de las pensiones,
            el precio de las escuelas y de la universidad
                y mucho más».

«A todos nos zarandean los vientos del cambio
  y estos son realmente malos vientos.
Así que escribí un libro para ayudar a las aves a sobrevivir
  a pesar de los cambios que las acechan».

«Me gusta la idea» —asintió Anderson, la cacatúa.
«Es algo que nos puede ayudar a todos».

«Exacto» —afirmó Pedro, el pavo real.
«Millones de aves están sufriendo en el Reino
  de los Pingüinos por no hablar de
      los otros millones más cuyos trabajos
        han sido externalizados
          a otros reinos.
Sus trabajos han desaparecido para siempre
  y estas aves desplazadas están sobre icebergs
    y témpanos de hielo, flotando sin rumbo,
        luchando por sobrevivir,
          sin dirección ni esperanza.
Temo por su futuro».

«Recuerdo lo que yo sentí cuando
    me expulsaron del Reino de los Pingüinos.
Me entró pánico cuando me dejaron a la deriva,
    pero aprendí a sobrevivir.
Ahora quiero hacer algo para ayudar a esas aves que
    están como estaba yo hace veinte años».

«Parece que ahora te va muy bien, ¿no?»
    —le preguntó Anderson.
«¿Podrías compartir algunos consejos con nuestros
    televidentes?»

«Claro que sí, me encantaría» —respondió Pedro.

«Lo más importante que he aprendido
    *es que **todo** es un trabajo interior*
        —el éxito y el fracaso,
            la felicidad y la infelicidad,
                la seguridad y la inseguridad—;
    todo depende de nuestras actitudes,
        de nuestras creencias y de la historia
        que nos contamos a nosotros mismos».

«Por ejemplo, si creo que *diferente* quiere decir *difícil*,
    reaccionaré negativamente a las ideas nuevas
        o a las maneras diferentes de hacer las cosas».

«En cambio,
si creo que todos los problemas tienen múltiples
    soluciones, valoraré
        las perspectivas diferentes y aceptaré
        otras nuevas, e incluso poco habituales».

Anderson, la cacatúa, asintió moviendo su cabeza llena
de plumas blancas.

«Entiendo por qué es tan importante entender esto:
porque todos tenemos que trabajar con aves que son
diferentes a nosotros».

«Sí, está claro», dijo Pedro.

«*Los negocios son esencialmente relaciones*:
relaciones entre los jefes
y los que trabajan para ellos;
relaciones entre las empresas
y sus clientes;
relaciones entre los empleados;
relaciones con los vendedores y otros accionistas».

«¿Sabías que el 80% de las aves que fracasan en
el trabajo lo hacen por falta de habilidades
interpersonales y no por falta de
habilidades técnicas?
Si no puedes trabajar bien con otras personas,
tendrás serios problemas».

«Por lo tanto, cultiva tus habilidades interpersonales.
Ya sea que sigas trabajando en el Reino de los Pingüinos
como si has volado a otro lado y te has instalado
por tu cuenta, *es esencial que aprendas
a llevarte bien con los demás*».

«Estoy totalmente de acuerdo»
—añadió Anderson, la cacatúa.
«Esa precisamente ha sido mi experiencia.
¿Qué otro consejo podrías darle a la audiencia?».

«Cuando asesoro a mis clientes siempre les digo:
   No busquéis la seguridad, buscad la oportunidad»
      —contestó Pedro.
«En el mapa no existe ningún lugar llamado *Seguridad*.
Si buscáis la seguridad,
   no podréis mejorar ni prosperar.
La vida es riesgo;
   las carreras tienen riesgos;
      dirigir una empresa tiene riesgos.
Y nunca nadie ha conseguido el éxito
   o la felicidad
      jugando a asegurar».

«¿Pero no es nuestro instinto natural buscar
   la seguridad?» —preguntó Anderson, la cacatúa.
«Es lo que las aves hacemos cuando tenemos miedo»

«En efecto» —contestó Pedro.
«Pero si dejas que el miedo gobierne tu vida,
   tu empresa o tu carrera,
      no conseguirás los resultados que deseas».

«La clave para sobrevivir y prosperar en tiempos
   turbulentos está en sentir el miedo pero no dejar de
   actuar.
Esto es cierto tanto para las aves como para
   las empresas».

«Vaya!» —graznó Anderson la cacatúa.

«¡Ya siento la adrenalina corriendo por mi cuerpo con solo pensar en esto!

Quiero que me cuentes más cosas».

«No juzgues a un ave por sus plumas» —añadió Pedro.

«¿Me lo puedes explicar mejor?»
    —le preguntó la cacatúa.

«El mundo está lleno de aves de muchas especies diferentes.

Hay aves coloridas como los loros, los pavos reales
    y los guacamayos; hay aves con plumaje
        de tonos neutros como los gorriones,
            las codornices y las pavas; aves que vuelan alto
            como los halcones y las águilas;
            hay aves terrestres como los correcaminos
            y los pingüinos, aves cantoras como los canarios
            y aves más calladas como las palomas,
                y muchas más».

«Tendemos a juzgar a las otras aves
    por su aspecto.

Pero al hacerlo
    nos olvidamos por completo
        de sus talentos, capacidades y habilidades únicas.

En resumen, nos preocupamos por la diversidad visible
mientras pasamos por alto la diversidad invisible».

«¿Es esto un problema?» —preguntó la cacatúa.

«Sí, lo es» —le contestó Pedro.
«Es un problema porque hacemos suposiciones
   sobre otras aves basándonos en
      sus características superficiales,
         pero perdemos la oportunidad de
            aprovechar su gran variedad de
               cualidades y personalidades.
En consecuencia,
   ignoramos la creatividad de las otras aves,
   perdemos la oportunidad de aprender de ellas,
   inhibimos la innovación y las nuevas ideas,
      el compromiso, la lealtad de grupo
         y el entusiasmo».

«Y cuando encasillamos a los demás y los juzgamos
   únicamente por su aspecto,
      todos salimos perdiendo.
Individualmente porque no dejamos que
   nos enriquezcan profesionalmente,
   y colectivamente porque no dejamos
   que contribuyan al éxito de nuestro grupo».

«Por ejemplo,
ese alcatraz patiazul que te parece tan raro
   podría ser quien tenga la siguiente gran idea.
Esos colimbos que consideras impresentables
   podrían ser quienes crearan
      la siguiente app exitosa;
      Aquella ave exótica que tanto te molesta podría
         resultar ser la más *valiosa*».

«¡Es cierto!» —asintió la cacatúa Anderson.
«Apuesto a que *todos* somos culpables
    de juzgar a los demás por sus plumas».

«Seguro que sí» —añadió Pedro.

«Bueno, se nos está acabando el tiempo»
    —dijo la cacatúa mirando el reloj.
«¿Algún consejo más para nuestra audiencia?».

«Sí» —contestó Pedro.

*«No dejes que lo que **no sabes** hacer te impida*
    *hacer lo que **sabes** hacer.*

Deja de quejarte de cosas
    que están fuera de tu control
    y concéntrate en las que sí puedes controlar:
        tu actitud y tus acciones,
        cómo empleas tu tiempo,
        salir y conocer a otras aves,
        forjar nuevas relaciones,
        aprender continuamente
        y probar cosas nuevas.
Este es un buen consejo tanto para las aves
    como para las organizaciones:

*Concéntrate en aquello que **puedes** hacer y no en lo que*
    ***no puedes**.*

«Es un consejo perfecto» —dijo Anderson.
«Muchas gracias por compartir
  tu experiencia,
      tu fortaleza y tu esperanza.
He aprendido mucho
  y estoy seguro de que los telespectadores también».

«De nada, Anderson»
  —respondió Pedro, el pavo real.

«Lo tenemos que dejar aquí por ahora»
  —dijo el elegante pájaro blanco
      volviéndose hacia la cámara.
«Volveremos mañana por la noche con
  las últimas noticias sobre
      el Mar de las Organizaciones».

«Les ha hablado Anderson
  la cacatúa desde la CNA.
Gracias por sintonizarnos
  y buenas noches».

Fin

*. . . ¿o tal vez podría suponer
un nuevo comienzo?*

Agradecimientos

Este libro refleja las ideas creativas de muchas mentes y el ánimo de muchos corazones. Esta página menciona solo a unas pocas de esas personas a las que tanto les debemos...

Primero y sobre todo Steven Piersanti, un alma gemela con la que es un gusto trabajar. Enseguida vio las posibilidades de nuestro breve relato y no dudó en arriesgarse con este extraño libro. Trabajar con Steven ha sido una auténtica colaboración: sus sugerencias y sus preguntas nos han ayudado a expandir nuestra manera de pensar y desarrollar nuestro trabajo a lo largo de cuatro ediciones. Estamos muy agradecidos con él y su continuo apoyo al *Pavo real*; estamos encantados de que su apuesta inicial por nuestro libro siga dando frutos después de todos estos años.

Gracias también a todo el equipo de Berrett-Koehler; todos han invertido su tiempo y energía en el éxito del libro tanto en Estados Unidos como en el extranjero. Estamos muy agradecidos con Neal Maillet que editó esta edición del vigésimo aniversario, así también como con María Jesús Aguiló, Charlotte Ashlock, Marina Cook, Mike Crowley, Kat Engh, Matt Fagaly, Kristen Frantz, Arielle Kesweder, Diane Blatner Kresal, Anna Leinberger, Catherine Lengronne, Bob Liss, Zoe Mackey, Meal Maillet, David Marshall, Grace Miller, Josh Millican, Dianne Platner, Courtney Schonfeld, Katie Sheehan, Jeevan Sivasubramaniam, Kathy Slater, Johanna Vondeling, Rick Wilson y Ginger Winters. ¡Todos ellos son la mejor casa editorial del mundo!

Un agradecimiento especial a Detta Penna, cuyos talentos de diseño, composición y edición pusieron el toque final a nuestro libro. Ha sido muy divertido trabajar contigo Detta. ¡El libro ha quedado magnífico! Y Anderson, la cacatúa, también te da las gracias por dibujarlo tan guapo.

Muchas gracias a nuestros críticos –Dave Graboski de la Administración de Veteranos de Ohio, Charlotte Ashlock de Berrett-Koehler, Caroline Siemers de Fleishman-Hillard y Bill Carigan de Cintas– por vuestras críticas reflexivas y sensatas que nos han permitido hacer buenas revisiones y adiciones muy útiles a esta edición del vigésimo aniversario.

Y, por último, me gustaría dar las gracias a nuestras familias que siempre nos han apoyado, nos han animado y nos ayudado con sus críticas a dar forma a nuestra fábula. Su amor y su atención han alimentado nuestros espíritus creativos.

Los autores

BJ Gallagher

BJ Gallagher se parece mucho al personaje principal de esta fábula: llena de color y extravagante, ruidosa y desordenada; es un ave difícil de ignorar. Es una misionera del potencial humano que frecuenta corporaciones y otras organizaciones, mostrando a las personas cómo pueden tener éxito haciendo el bien. Sus estudios de doctorado en Ética Social en la Universidad del Sur de California la capacitaron para ser una profesional comprometida con el bienestar de los demás, mientras que sus años en el mundo empresarial le enseñaron a tener una mentalidad orientada a los resultados.

Después de estar unos años trabajando en la universidad del sur de California (USC), decidió probar en el «mundo real» de la empresa. Aterrizó en el diario *Los Angeles Times*, donde pasó cinco años como gerente de capacitación y desarrollo. En 1991, dejó el periódico para crear su propia compañía de formación y consultoría: Peacock Productions.

Al igual que a todos los pavos reales, a BJ le encanta tener audiencia y es una líder de talleres y conferenciante carismática muy popular. Ha conseguido ponerse el traje de pingüino muchas veces para trabajar con clientes respetables como Chrysler, Kellogg, Chevron, IBM, the American Press Institute, John Deere Credit Canada,

Manatt Phelps and Phillips, Farm Credit Services of America, Raytheon, el departamento de la administración de veteranos de Estados Unidos, y muchos más.

BJ ha escrito y publicado 30 libros, incluidos *Being Buddha at Work* (con Franz Metcalf) y *YES Lives in the Land of NO* (con Steve Ventura), ambos publicados por Berrett-Koehler.

Contacta con BJ en Peacock Productions: www.peacockproductions.com

Warren H. Schmidt

En su larga carrera, Warren Schmidt ha realizado numerosas funciones: desde ministro hasta psicólogo, pasando por profesor, concejal, investigador y guionista. Ha enseñado a otros a planificar su vida, pero su propia carrera se ha ido formando por una gran cantidad de oportunidades inesperadas que le han llevado a Detroit, Michigan (donde nació), Missouri, Nueva York, Massachusetts, Ohio, Washington y, por último, San Fernando Valley en California donde se ha establecido con su mujer (Reggie) y sus cuatro hijos. Ha sido profesor en dos instituciones muy prestigiosas de California: UCLA y USC. Una vez asentado en UCLA, trabajó en el departamento de psicología y en la Graduate School of Management, donde acabó como decano de educación ejecutiva. Después de veintidós años, Warren se convirtió en un profesor maduro y reputado de administración pública en la Universidad del Sur de California (¡pero él insiste en que no es del todo un pingüino!).

A Warren le gusta escribir, especialmente en colaboración con alguien más. Su primera experiencia de colaboración fue cuando él y Bob Tannenbaum escribieron un artículo sobre «Cómo elegir un modelo de liderazgo» para la revista *Harvard Business Review* –un clásico de gestión que ha vendido más de un millón de copias. Ha escrito libros sobre el trabajo en equipo con Gordon Lippitt y Paul Buchanan, monografías sobre los valores directivos con Barry Posner y dos libros sobre gestión de la calidad total con Jerry Finnigan de Xerox Corporation.

Un aspecto significativo en la vida de Warren tuvo lugar en 1969 cuando escribió una parábola sobre las disensiones en América titulada: ¿Es siempre correcto tener la razón? Su aparición en *Los Angeles Times* hizo que fuera versionada en una película de dibujos animados. Orson Welles la narró y ganó un premio de la Academia en 1971.

Warren falleció en marzo de 2016, un año después de que se publicara esta edición del 20 aniversario.

Notas

Notas

Notas

Notas

MANAGEMENT EN 20 MINUTOS

CÓMO CREAR UN PLAN DE NEGOCIO

PRESENTA TU IDEA CLARAMENTE
PROYECTA RIESGOS Y RECOMPENSAS
CONSIGUE LA APROBACIÓN

MANAGEMENT EN 20 MINUTOS

CÓMO DIRIGIR REUNIONES DE TRABAJO

LIDERA CON CONFIANZA
AVANZA TU PROYECTO
GESTIONA LOS CONFLICTOS

MANAGEMENT EN 20 MINUTOS

CÓMO GESTIONAR TU TIEMPO

CÉNTRATE EN LO IMPORTANTE
EVITA LAS DISTRACCIONES
HAZ LAS COSAS BIEN HECHAS

MANAGEMENT EN 20 MINUTOS

CÓMO MANTENER UNA CONVERSACIÓN DIFÍCIL

EXPRÉSATE CON CLARIDAD
MANEJA LAS EMOCIONES
CÉNTRATE EN LA SOLUCIÓN

MANAGEMENT EN 20 MINUTOS

FINANZAS BÁSICAS

DESCUBRE LAS PALABRAS CLAVE
ENTIENDE LOS FUNDAMENTOS
INTERPRETA LOS BALANCES

MANAGEMENT EN 20 MINUTOS

CÓMO SER MÁS PRODUCTIVO

PRIORIZA LAS TAREAS
SÉ MÁS EFICIENTE
GESTIONA TU TIEMPO

MANAGEMENT EN 20 MINUTOS

CÓMO COLABORAR VIRTUALMENTE

TRABAJA DESDE CUALQUIER LUGAR
COMUNICA MEJOR
EVITA EL AISLAMIENTO

MANAGEMENT EN 20 MINUTOS

CÓMO GESTIONAR LA RELACIÓN CON TU SUPERIOR

CREA LAZOS MÁS FUERTES
FIJA EXPECTATIVAS CLARAS
PROMOCIONA TUS IDEAS

MANAGEMENT EN 20 MINUTOS

CÓMO REALIZAR PRESENTACIONES

MEJORA TU MENSAJE
CONVENCE A TU AUDIENCIA
MIDE TU MINUTO

MANAGEMENT EN 20 MINUTOS

CÓMO DIRIGIR EQUIPOS VIRTUALES

RESPONSABILIZA A TU PERSONAL
GENERA CONFIANZA
FOMENTA LA COLABORACIÓN

MANAGEMENT EN 20 MINUTOS

CÓMO LIDERAR REUNIONES VIRTUALES

ASEGÚRATE QUE LA TECNOLOGÍA FUNCIONA
MANTÉN LA ATENCIÓN DE TU AUDIENCIA
PLANIFICA LA REUNIÓN

MANAGEMENT EN 20 MINUTOS

MANAGEMENT TIPS

LOS MEJORES CONSEJOS
INSPIRADOS POR LAS
MENTES MÁS BRILLANTES

MANAGEMENT EN 20 MINUTOS

LOS 9 SECRETOS DE LA GENTE EXITOSA

LOGRA TUS OBJETIVOS
POR LO QUE HACES
NO POR LO QUE ERES

Serie Management en 20 minutos

Harvard Business Review

La **Serie Management en 20 Minutos** de HBR te permite estar actualizado sobre las habilidades de gestión más esenciales. Ya sea que necesites un curso intensivo o un breve repaso, cada libro de la serie es un manual conciso y práctico que te ayudará a revisar un tema clave de management. Consejos que puedes leer y aplicar rápidamente, dirigidos a profesionales ambiciosos y aspirantes a ejecutivos, procedentes de la fuente más fiable en los negocios. También disponibles en ebook.

Con la garantía de **Harvard Business Review**

Disponibles también en formato **e-book**

Solicita más información en revertemanagement@reverte.com

www.revertemanagement.com

@revertemanagement

Serie Inteligencia Emocional
Harvard Business Review

Esta colección ofrece una serie de textos cuidadosamente seleccionados sobre los aspectos humanos de la vida profesional. Mediante investigaciones contrastadas, cada libro muestra cómo las emociones influyen en nuestra vida laboral y proporciona consejos prácticos para gestionar equipos humanos y situaciones conflictivas. Estas lecturas, estimulantes y prácticas, ayudan a conseguir el bienestar emocional en el trabajo.

Con la garantía de **Harvard Business Review**

Participan investigadores de la talla de
Daniel Goleman, Annie McKee y **Dan Gilbert**, entre otros

Disponibles también en formato **e-book**

Solicita más información en revertemanagement@reverte.com
www.revertemanagement.com
@revertemanagement

Guías Harvard Business Review

En las **Guías HBR** encontrarás una gran cantidad de consejos prácticos y sencillos de expertos en la materia, además de ejemplos para que te sea muy fácil ponerlos en práctica. Estas guías realizadas por el sello editorial más fiable del mundo de los negocios, te ofrecen una solución inteligente para enfrentarte a los desafíos laborales más importantes.

Monografías

Michael D Watkins es profesor de Liderazgo y Cambio Organizacional. En los últimos 20 años ha acompañado a líderes de organizaciones en su transición a nuevos cargos. Su libro, **Los primeros 90 días**, con más de 1.500.000 de ejemplares vendidos en todo el mundo y traducido a 27 idiomas, se ha convertido en la publicación de referencia para los profesionales en procesos de transición y cambio.

Todo el mundo tiene algo que quiere cambiar. Pero el cambio es difícil. A menudo, persuadimos, presionamos y empujamos, pero nada se mueve. ¿Podría haber una mejor manera de hacerlo? Las personas que consiguen cambios exitosos saben que no se trata de presionar más, o de proporcionar más información, sino de convertirse en un catalizador.

Stretch muestra por qué todo el mundo -desde los ejecutivos a los empresarios, desde los profesionales a los padres, desde los atletas a los artistas- se desenvuelve mejor con las limitaciones; por qué la búsqueda de demasiados recursos socava nuestro trabajo y bienestar; y por qué incluso aquellos que tienen mucho se benefician de sacar el máximo provecho de poco.

¿Por qué algunas personas son más exitosas que otras? El 95% de todo lo que piensas, sientes, haces y logras es resultado del hábito. Simplificando y organizando las ideas, **Brian Tracy** ha escrito magistralmente un libro de obligada lectura sobre hábitos que asegura completamente el éxito personal.

Referenciado como uno de los diez mejores libros sobre gestión empresarial, **Good to Great** nos ofrece todo un conjunto de directrices y paradigmas que debe adoptar cualquier empresa que pretenda diferenciarse de las demás.

Jim Collins es un reconocido estudioso especializado en qué hace que las empresas sobresalgan, y asesor socrático de líderes de los sectores empresariales y sociales.

Conoce los principios y las filosofías que guían a Bill Gates, Jeff Bezos, Ruth Bader Ginsburg, Warren Buffett, Oprah Winfrey y muchos otros personajes famosos a través de conversaciones reveladoras sobre sus vidas y sus trayectorias profesionales.

David M. Rubenstein ha hablado largo y tendido con los líderes más importantes del mundo sobre cómo han llegado a ser famosos. **Conversaciones** comparte estas entrevistas con estos personajes.

Gallup y **Reverté Management** publican una nueva edición de su bestseller número 1. Esta edición incluye un total de 50 ideas sobre acciones específicas y personales para el desarrollo de tus talentos dominantes. Cada libro incluye un código de acceso a la evaluación en línea de CliftonStrengths.

El libro de Ryan Holiday, **Diario para estoicos**, es una guía fascinante y accesible para transmitir la sabiduría estoica a una nueva generación de lectores y mejorar nuestra calidad de vida. En la **Agenda**, los lectores encontrarán explicaciones y citas semanales para inspirar una reflexión más profunda sobre las prácticas estoicas, así como indicaciones diarias y una introducción útil que explica las diversas herramientas estoicas de autogestión.

También disponibles
en formato e-book

Solicita más información en
revertemanagement@reverte.com
www.revertemanagement.com